Wolfgang Jungbauer

Netzwerk
NATURWISSENSCHAFTLICHES ARBEITEN 5

Arbeitsbuch

Schroedel

**Netzwerk Naturwissenschaftliches Arbeiten 5
Bayern**

Herausgegeben von
Dr. Wolfgang Jungbauer, Georg-Wilhelm-Steller-Gymnasium Bad Windsheim

Autoren:
Tanja Bühler, Dieter Cieplik, Stefan Hochgreve, Imme Freundner-Huneke, Dieter Keller, Marietta Keller, Horst-Dietmar Kirks, Hans-Peter Konopka, Silke Kraft, Dr. Jochen Kuhn, Fritz Lepold, Gisela Lloréns, Alexandra Luib, Erhard Mathias, Ralph Möllers, Markus Nutz, Jürgen Sautter, Antje Starke, Hans Tegen, Anja Thesing, Annely Zeeb

© 2005 Bildungshaus Schulbuchverlage
Westermann Schroedel Diesterweg Schöningh Winklers GmbH, Braunschweig
www.schroedel.de

Das Werk und seine Teile sind urheberrechtlich geschützt. Jede Nutzung in anderen als den gesetzlich zugelassenen Fällen bedarf der vorherigen schriftlichen Einwilligung des Verlages.
Hinweis zu § 52 a UrhG: Weder das Werk noch seine Teile dürfen ohne eine solche Einwilligung gescannt und in ein Netzwerk eingestellt werden. Dies gilt auch für Intranets von Schulen und sonstigen Bildungseinrichtungen.
Auf verschiedenen Seiten dieses Buches befinden sich Verweise (Links) auf Internet-Adressen. Haftungshinweis: Trotz sorgfältiger inhaltlicher Kontrolle wird die Haftung für die Inhalte der externen Seiten ausgeschlossen. Für den Inhalt dieser externen Seiten sind ausschließlich deren Betreiber verantwortlich. Sollten Sie bei dem angegebenen Inhalt des Anbieters dieser Seite auf kostenpflichtige, illegale oder anstößige Inhalte treffen, so bedauern wir dies ausdrücklich und bitten Sie, uns umgehend per E-Mail davon in Kenntnis zu setzen, damit beim Nachdruck der Verweis gelöscht wird.

Druck A^2 / Jahr 2005

Alle Drucke der Serie A sind im Unterricht parallel verwendbar.

Redaktion: Dirk Boehme

Illustrationen:
Brigitte Karnath, Liselotte Lüddecke, Langner & Partner, Karin Mall, Tom Menzel, Heike Möller, Kerstin Ploß, Barbara Schneider, Kerstin Schobel, Werner Wildermuth

Einbandgestaltung: Janssen Kahlert Design & Kommunikation GmbH

Satz: Stürtz GmbH, Würzburg

Druck und Bindung: westermann druck GmbH, Braunschweig

ISBN 3-507-86533-5

Arbeitsmethoden

1	**Spannendes aus Naturwissenschaft und Technik**	6
1.1	Naturwissenschaften sind miteinander vernetzt	7
	Pinnwand: Naturwissenschaften	8
1.2	Ablauf eines Versuchs	9
2	**Arbeitsmethoden in den Naturwissenschaften**	10
2.1	Planung und Durchführung von Experimenten	10
2.2	Messen ist Vergleichen	11
	Methode: Umgang mit Diagrammen und Tabellen	12
	Methode: Eine Sammlung anlegen	13
2.3	Suche und Auswertung von Informationen	14
	Methode: Ein Heft führen	15
2.4	Entdecken und Forschen	16
	Übung: Wir bauen einen Sonnenkollektor	16
	Methode: Einen kurzen Vortrag halten	17
2.5	Gemeinsames Lernen in Projekten	18
	Methode: Ein Informationsplakat entsteht	20
	Methode: Gruppen- und Partnerarbeit beim Experimentieren	21

Themenbereiche und Konzepte

Stoffe und Materialien

1	**Stoffe und ihre Eigenschaften**	22
1.1	Wasser begegnet uns in drei Aggregatzuständen	23
1.2	Schmelzen und Erstarren	24
1.3	Verdampfen und Kondensieren	25
	Übung: Der Gasbrenner	26
	Übung: Der Kartuschenbrenner	27
	Methode: Richtiges Verhalten im Fachraum	28
	Streifzug durch die Chemie: Die Aggregatzustände lassen sich mit dem Teilchenmodell erklären	29
2	**Volumen, Masse, Dichte**	30
2.1	Jeder Körper hat ein Volumen	30
	Streifzug durch die Mathematik: Eine Formel für das Volumen	30
2.2	Volumenänderung bei Flüssigkeiten	31
2.3	Jeder Körper hat eine Masse	32
	Pinnwand: Wägen und Waagen	33
2.4	Ist Holz schwerer als Eisen?	34
	Streifzug durch die Chemie: Messen in der Küche	35
2.5	Stoffeigenschaften lassen sich untersuchen	36

Inhalt

3	**Stoffe mit den Sinnen erkennen**	38
3.1	Aufgaben der Sinnesorgane	38
3.2	Körper und Stoffe	39

4	**Stoffgemische und ihre Trennung**	40
4.1	Reinstoffe und Stoffgemische	40
	Pinnwand: Trennverfahren im Alltag	41
4.2	Vom Steinsalz zum Kochsalz	42
4.3	Stoffe bestehen aus kleinsten Teilchen	44
4.4	Trennung und Verwertung von Müll	46
4.5	Weitere Trennverfahren	48

Prüfe dein Wissen: Stoffe und Materialien 49

Luft und Schall

1	**Luft ist lebensnotwendig**	50
1.1	Luft hat Masse	51
1.2	Die Dichte von Luft	52
	Übung: Bestimmung des Lungenvolumens	52
1.3	Luft besteht aus verschiedenen Gasen	53

2	**Schall**	54
2.1	Vom Ton zum Knall	54
	Streifzug durch die Medizin: Schall kann krank machen	55
2.2	Schallausbreitung in Luft	56
2.3	Wasser und feste Stoffe leiten Schall	57
2.4	Schall trifft auf Körper	58

Prüfe dein Wissen: Luft und Schall 59

Licht

1	**Lichtquellen**	60
1.1	Natürliche und künstliche Lichtquellen	61
1.2	Farbiges Licht	62
1.3	Ein Prisma erzeugt Farben	63
1.4	Was geschieht in Lichtquellen?	64
1.5	Absorption von Licht	65

2	**Licht trifft auf Körper**	66
2.1	Licht und Schatten	66
2.2	Schatten im Weltraum	68
	Projekt: Bau einer Sonnenuhr	70

3	**Lichtbrechung und Linsen**	72
3.1	Licht wird gebrochen	72
3.2	Das Brennglas	73
3.3	Sammellinsen erzeugen Bilder	74

Prüfe dein Wissen: Licht 75

Boden und Gestein

1	**Gesteine und Mineralien**	77
2	**Boden**	78
2.1	Aufbau eines Bodens	78
2.2	Der Waldboden	79
	Übung: Bodenuntersuchungen	80

Prüfe dein Wissen: Boden und Gestein 81

Umwelt und Leben

1	**Unterschiedliche Lebensräume**	82
1.1	Lebensraum Bach	83
	Projekt: Aquarium	84
	Projekt: Lebensinseln auf dem Schulhof	86
2	**Tiere brauchen Luft und Nahrung zum Leben**	88

Prüfe dein Wissen: Umwelt und Leben 89

Register 90

Bildquellen 93

Arbeitsmethoden

1 Spannendes aus Naturwissenschaft und Technik

Ruhig schwebt der Heißluftballon bei sonnigem Wetter und leichtem Wind über den Himmel. Du hörst, wie von Zeit zu Zeit der Gasbrenner anspringt. Gut siehst du auch die Flamme, die die Luft im Ballon erwärmt. Der Ballon fängt an zu steigen.
Die Ballonfahrer betrachten die Landschaft unter sich. Sie staunen über ausgedehnte Wälder. Sie erkennen aber auch, wo Bäume ihre Blätter verloren haben und wo ein Sturm Schäden angerichtet hat.
Warum steigt der Ballon hoch? Wie funktioniert ein Gasbrenner? Warum brauchen Pflanzen, Tiere und Menschen überhaupt Luft? Wie lässt sich die Luft rein halten? Vielleicht sind dir diese oder ähnliche Fragen schon durch den Kopf gegangen.
Dieses Buch hilft dir, solche Fragen zu beantworten und in alltäglichen Situationen viele weitere spannende Entdeckungen zu machen. Es führt dich durch die faszinierende Welt der Technik und der Natur.

Arbeitsmethoden

1 Gartenfest

1.1 Naturwissenschaften sind miteinander vernetzt

Anna hat zu ihrem Geburtstag einige Klassenkameradinnen und Klassenkameraden zu einem Gartenfest eingeladen. Annas Vater steht am Grill und brät Würstchen. Ihre Mutter schenkt den Kindern kalte Getränke mit Eiswürfeln aus.

„Seht mal, wie die Eiswürfel in der Limonade schmelzen", bemerkt Silvia. „Ja, interessant", antwortet Max, „doch achtet auch mal auf die Holzkohle im Grill. Erst ist sie schwarz und wenn sie verbrannt ist, bleibt nur noch graue Asche übrig." „Mich interessieren eher die vielen blühenden Pflanzen, die Vögel und die Schmetterlinge in unserem Garten", wirft Anna ein. „Na, ihr interessiert euch wohl alle für Naturwissenschaften", sagt Annas Mutter, „ja, in der Natur kann man wirklich viele interessante Beobachtungen machen."

Die Natur ist sehr vielfältig. Pflanzen und Tiere, Stoffe wie Wasser und Eis, Steine, Verbrennungsvorgänge, der blaue Himmel und Wolken gehören beispielsweise dazu. Mit der Beschreibung und Untersuchung der Natur beschäftigen sich die **Naturwissenschaften.** Lebewesen, also Pflanzen, Tiere und auch der Mensch werden von der **Biologie** erforscht. Warum ein Eiswürfel schmilzt ist eine Fragestellung, der die **Physik** nachgeht. Verbrennungen, beispielsweise von Holzkohle, untersucht die **Chemie.** Außer diesen drei Naturwissenschaften gibt es noch einige weitere, die sich mit bestimmten Teilbereichen der Natur beschäftigen. In diesem Buch wirst du Fragestellungen und Ergebnisse aus verschiedenen Naturwissenschaften kennen lernen. Dabei wirst du feststellen, dass alle Naturwissenschaften miteinander **vernetzt** sind. Das heißt, dass man zum Beispiel manche Eigenschaften von Lebewesen nur verstehen kann, wenn man auf Ergebnisse der Physik oder Chemie zurückgreift.

Untersuchungen in den Naturwissenschaften können mithilfe unterschiedlicher Methoden durchgeführt werden. Besonders wichtig sind die **Beobachtung** und die **Beschreibung** von Naturobjekten oder Vorgängen in der Natur. Manche Beobachtungen können nur mit bestimmten Geräten durchgeführt werden, beispielsweise einem Mikroskop oder einem Fernrohr. Um Abläufe in der Natur genauer verstehen zu können, muss man häufig **Versuche** durchführen. Man spricht auch von **Experimenten.** Auch dazu ist meist der Einsatz von Geräten oder Messinstrumenten erforderlich.

> Die Naturwissenschaften erforschen alle Bereiche der Natur. Wichtige Zweige dieser Wissenschaften sind Biologie, Physik und Chemie.

1 Betrachte Abbildung 1. Ordne verschiedene Einzelheiten des Bildes der jeweils passenden Naturwissenschaft zu.

2 Arbeite mit der Pinnwand Seite 8. Nenne Beispiele von Fragestellungen, die zu der jeweiligen Naturwissenschaft passen.

Pinnwand

NATURWISSENSCHAFTEN

Biologie

Die Biologie beschäftigt sich mit Lebewesen. Sie untersucht beispielsweise die Gestalt, den Aufbau und die Lebensweise von Pflanzen, Tieren und Menschen. Wissenschaftler, die sich mit solchen Fragestellungen beschäftigen, werden Biologen genannt.

Physik

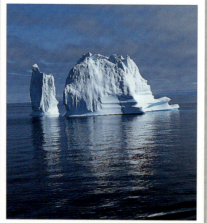

Die Physik untersucht die Eigenschaften und Veränderungen von Stoffen, die in der unbelebten Umwelt vorkommen. Physiker, das sind die Forscher, die sich mit physikalischen Fragen befassen, untersuchen beispielsweise, unter welchen Bedingungen Wasser zu Eis wird oder wann Eis schmilzt.

Chemie

Die Chemie beschäftigt sich vorwiegend mit der Umwandlung von Stoffen. Dazu gehört beispielsweise die Frage, welche Stoffe entstehen, wenn ein Stück Holz verbrennt. Wissenschaftler, die chemische Vorgänge erforschen, heißen Chemiker.

Meteorologie

Die Meteorologie, auch Wetterkunde genannt, untersucht die Vorgänge in der Lufthülle der Erde, die das Wetter beeinflussen. Eine wichtige Aufgabe der Meteorologen, das sind die Wissenschaftler, die sich mit der Wetterkunde beschäftigen, ist die Wettervorhersage.

Astronomie

Die Astronomie heißt auch Himmelskunde. Sie untersucht die Gestirne im Weltall, also den Mond, die Sonne, die Planeten unseres Sonnensystems und die Sterne. Astronomen sind die Wissenschaftler, die sich mit Fragen der Himmelskunde beschäftigen.

Geologie

Die Geologie befasst sich mit dem Aufbau der Erde und mit den Gesteinen, aus denen die Erde aufgebaut ist. Wissenschaftler, die solchen Fragestellungen nachgehen, nennt man Geologen. Eine verwandte Wissenschaft zur Geologie ist die Paläontologie. Sie untersucht die Reste von ausgestorbenen Lebewesen, die Fossilien.

1.2 Ablauf eines Versuchs

Am Anfang steht eine Beobachtung.

Du beobachtet, dass dein Sweatshirt nach der Wäsche manchmal noch Flecken aufweist. Oft ist es nach dem Waschen aber auch ganz sauber.

Daraus ergibt sich eine Frage.

Warum ist das Sweatshirt nach der Wäsche nicht immer fleckenlos sauber?

Als nächstes stellst du Vermutungen an.

Es gibt mehrere Möglichkeiten, warum das Sweatshirt nicht immer sauber wird. Du überlegst zum Beispiel, ob die unterschiedlichen Waschergebnisse etwas mit der Temperatur des Waschwassers zu tun haben könnten.

Mit einem Versuch kannst du deine Vermutung überprüfen.

Nun überlegst du dir einen Versuch um nachzuprüfen, ob deine Vermutung stimmt. Wenn du mehrere Vermutungen hast, musst du dir zu jeder einzelnen einen geeigneten Versuch ausdenken. Anschließend planst du den Versuchsaufbau und die Versuchsdurchführung. Dazu erstellst du eine Materialliste. Dann führst du den Versuch durch und notierst alle Ergebnisse in einem Versuchsprotokoll.

Das Versuchsergebnis bestätigt oder widerlegt die Vermutungen.

Nach der Durchführung des Versuchs kannst du Schlussfolgerungen aus dem Versuchsergebnis ziehen. In unserem Beispiel könnten dies Tipps zum Entfernen von Flecken aus Kleidungsstücken sein.

Während der **Planung** deines Versuchs ist dir sicher aufgefallen, dass du bestimmte Geräte brauchst, um deine

1 *Durchführung eines Versuchs im Team*

Ergebnisse abzusichern. Es könnte für den Wascherfolg wichtig sein, ob das Waschwasser 30 °C oder 60 °C heiß ist. Um die Temperatur zu **messen,** brauchst du ein geeignetes *Thermometer*. Es könnte aber ebenfalls wichtig sein, ob der Waschvorgang fünf Minuten oder eine halbe Stunde dauert. Zur Messung der Zeitdauer ist eine genau gehende Uhr, beispielsweise eine *Stoppuhr,* geeignet.

Nach dem Versuch solltest du dir überlegen, wie das Versuchsergebnis am besten **dokumentiert** werden kann. Oft helfen Tabellen, Bilder, Diagramme und Texte. Wenn du in Fachbüchern oder im Internet suchst, kannst du vielfach Anregungen und Hilfestellungen erhalten. So kannst du selbst weiterführende Fragen stellen und Problemlösungen suchen und dabei die Grundlagen des **Entdeckens** und **Forschens** erfahren.
In anderen Versuchen kannst du Ergebnisse gewinnen, indem du mit Werkzeugen und Geräten einen geeigneten Versuchsaufbau konstruierst und dabei auch vielleicht Neues **baust** und **erfindest**.

Schließlich möchtest du auch deine Mitschülerinnen und Mitschüler mit deinen Ergebnissen bekannt machen. Dazu ist notwendig, dass du die Methoden des **Präsentierens** kennst, z. B. wie man Ergebnisse vorträgt oder eine Ausstellung oder ein Plakat gestaltet.

Besonders viel Spaß macht es, wenn derartige Arbeiten im **Team** stattfinden. Aber auch hier sollten bestimmte Regeln eingehalten werden, um konzentriert und zügig zum Ziel zu gelangen.

Auf den folgenden Seiten findest du eine Reihe von solchen naturwissenschaftlichen Arbeitsmethoden, die du in Zukunft zur Planung, Durchführung und Präsentation z. B. von Versuchen anwenden kannst.

Arbeitsmethoden

2 Arbeitsmethoden in den Naturwissenschaften

2.1 Planung und Durchführung von Experimenten

Wenn du herausfinden willst, welche Bedingungen ein Samen zum Keimen braucht, kannst du einen **Versuch** durchführen. Dazu ist es wichtig, dass du dir vor dem Experimentieren Gedanken darüber machst, wie ein solcher Versuch ablaufen soll. Du erstellst eine **Versuchsplanung**.

Was wird benötigt? → Überlege zunächst, welche Geräte und Materialien erforderlich sind, damit du die Bedingungen prüfen kannst.

Wie wird der Versuch aufgebaut? → Mache dir klar, wie dein Versuch aufgebaut werden muss und wo du ihn für die nächsten zwei Wochen ungestört stehen lassen kannst.

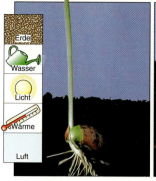

2 Keimungsversuche mit Feuerbohnen

Am Anfang eines **Versuchsprotokolls** werden die Problemstellung und das Datum als Überschrift notiert (Abbildung 1).

Im nächsten Schritt schreibst du die *Materialien* auf, die zum Experimentieren erforderlich sind. → **Material**

Zeichne in der *Versuchsbeschreibung* eine Skizze, in der dargestellt ist, wie die Geräte und Materialien verbunden werden. Beschreibe mit deinen eigenen Worten, wie du den Versuch aufbaust. → **Versuchsbeschreibung**

Ist die Planung abgeschlossen, kannst du das Experiment durchführen. Schreibe deine *Versuchsdurchführung* sehr genau auf, damit der Versuch auch von jemandem durchgeführt werden kann, der nicht am Unterricht teilgenommen hat. Die Beobachtungen oder Messwerte können in Form von Sätzen oder in einer Tabelle notiert werden. → **Versuchsdurchführung und Beobachtungen**

Die Versuchsergebnisse werden in Form von Sätzen, in einer Tabelle oder als Zeichnung in der *Auswertung* des Protokolls festgehalten. Sie werden danach beurteilt, ob die Problemstellung des Versuchs geklärt werden konnte. Kannst du mithilfe des Experiments auch weitergehende Schlussfolgerungen gewinnen, so werden diese ebenfalls in der Auswertung aufgeschrieben. → **Versuchsauswertung**

Versuch: 6.9.2004
Keimbedingungen eines Feuerbohnensamens

Material:
Petrischalen mit Deckel, Erde, Wasser, Kühlschrank (kalter Ort), Watte, Pappkartondeckel zum Abdecken, mindestens drei Feuerbohnensamen pro Schale

Versuchsbeschreibung:

Versuchsnr.	A	B	C	D	E
Versuchsbedingungen	Erde Wasser Licht Wärme Luft	Erde kein Wasser Licht Wärme Luft	Watte Wasser Licht Wärme Luft	Erde Wasser kein Licht Wärme Luft	Erde Wasser kein Licht Kälte Luft

Ich setze fünf Petrischalen mit jeweils drei Bohnensamen an. Dabei werden die Versuchsbedingungen jeweils abgewandelt. Der erste Versuch enthält alle zu prüfenden Bedingungen. Er dient als Kontrollansatz.

Versuchsdurchführung:
Ich baue den Versuch wie oben beschrieben auf. Die einzelnen Petrischalen werden dann nach sieben und zehn Tagen von mir kontrolliert.

Beobachtungen:

Versuchsnr.	A	B	C	D	E
Keimung	+	–	+	+	–

Auswertung:
Bohnensamen brauchen Wasser, Wärme und Luft zur Keimung.

1 Muster eines Versuchsprotokolls

> Naturwissenschaftliche Versuche müssen sorgfältig geplant, vorbereitet und durchgeführt werden. Unbedingt notwendig ist eine ordentliche Protokollierung.

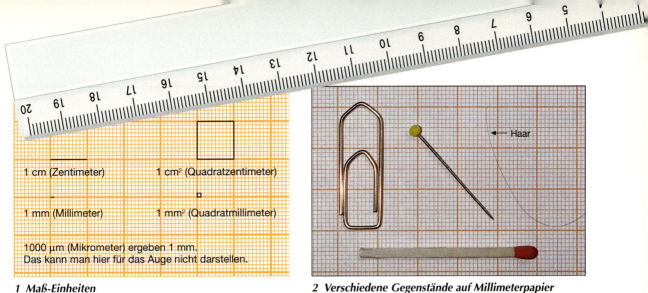

1 Maß-Einheiten

2 Verschiedene Gegenstände auf Millimeterpapier

2.2 Messen ist Vergleichen

Von einem hohen Turm oder von einem Berggipfel aus erscheinen Häuser oder Autos winzig. Menschen sehen dann fast nur noch wie Punkte aus.

In der Nähe wirken viele Dinge dagegen sehr groß. Um also ihre wirkliche Größe festzulegen, müssen sie gemessen werden. Dazu braucht man aber eine Vergleichsmöglichkeit, einen **Maßstab.** In früherer Zeit wurde zum Beispiel der Stoff für ein Gewand vom Schneider mit der Länge seines Unterarms, der *Elle,* ausgemessen. Weil aber die Arme der Schneider unterschiedlich lang waren, gab es oft Streit.

Im Jahr 1789 legten Wissenschaftler eine bestimmte Länge als Vergleichsmaßstab fest. Man einigte sich darauf, dass die Entfernung vom Nordpol bis zum Äquator der Erde in zehn Millionen gleiche Teile geteilt werden sollte. Ein einzelnes derartiges Längenstück wurde dann als Platinstange hergestellt und in Paris zum Vergleich aufbewahrt. Dieses Stück Metall wurde „Meter" genannt (frz. mètre, lat. metrum, Maß). So sollte der **Meter** das Maß für alle Längen sein. 1960 wurde der Meter neu definiert. Er wurde nicht verändert, aber nicht mehr auf die Erde bezogen, sondern auf die Länge ganz bestimmter elektromagnetischer Wellen.

Wie dick ist ein einzelnes Haar? Wenn wir den Durchmesser eines Haares in Meter ausdrücken wollten, würden sehr umständliche Bruchzahlen entstehen. Deshalb teilt man den Meter in 100 oder 1000 oder sogar in eine Million gleiche Teile. Den hundertsten Teil nennt man Zentimeter, den tausendsten Teil Millimeter, den millionsten Teil Mikrometer. In der Abbildung 2 sind einige Gegenstände auf Millimeterpapier als Unterlage dargestellt. Dieses Papier heißt Millimeterpapier, weil die feinen Linien genau 1 mm Abstand haben. So kannst du zum Beispiel nicht nur die Länge des Zündholzes, sondern auch seine Dicke recht leicht ausmessen. **Messen** ist also **Vergleichen mit einem Maß.** Das Stück, mit dem man vergleicht, wird als „Einheit" bezeichnet.

Auch Flächen können mit einem Maß verglichen werden. Auf dem Millimeterpapier in Abbildung 1 kannst du recht gut erkennen, dass ein Quadratzentimeter (1 cm²) hundert Quadratmillimeter (mm²) umfasst. Schließlich kann auch der Inhalt von Gefäßen (Rauminhalt, Volumen), das Gewicht, die Zeit und vieles mehr gemessen werden. In allen Fällen bezieht man sich beim Messen auf ein genau definiertes Maß.

> Messen ist Vergleichen mit einem Maß. Als Längenmaß wird die Einheit Meter verwendet. Für kleine Längen benutzt man die Maße Zentimeter, Millimeter und Mikrometer.

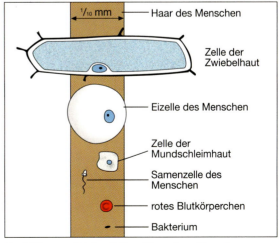

3 Größenvergleich mit dem Haar eines Menschen

Arbeitsmethoden

Methode: Umgang mit Diagrammen und Tabellen

Naturwissenschaftliche Texte enthalten oft **Diagramme** und **Tabellen.** Diese stellen eine Fülle von Informationen übersichtlich und anschaulich dar. Sie müssen oft in mehreren Schritten gelesen werden. Die einzelnen Schritte können dabei von Darstellung zu Darstellung verschieden sein. Es gibt unterschiedliche Darstellungsformen. Am häufigsten sind **Kreisdiagramme** und **Säulendiagramme.** Tabellen und Diagramme können auch als Grundlage für Vorträge dienen.

1 Sieh dir das Kreisdiagramm an. Es zeigt dir, welche Kosten ein Hund in einem Jahr verursacht und wie hoch diese Kosten im Einzelnen sind. Beantworte folgende Fragen:
a) Welche Bedeutung haben die Kreisabschnitte?
b) Welche Bedeutung haben die Farben?
c) Verfasse einen Text, in dem die wichtigsten Aussagen des Diagramms enthalten sind.

2 In diesem Säulendiagramm ist das Wachstum einer Feuerbohne dargestellt. Sieh dir das Diagramm genau an und beantworte die folgenden Fragen:
a) Welche Bedeutungen haben die Achsen?
b) Wie sind die Achsen eingeteilt?
c) Welche Bedeutung haben die Säulen?
d) Verfasse einen Text, in dem die wichtigsten Aussagen des Diagramms enthalten sind.

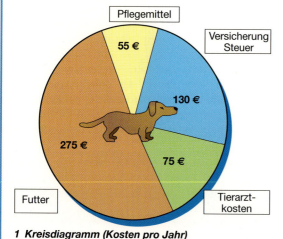

1 Kreisdiagramm (Kosten pro Jahr)

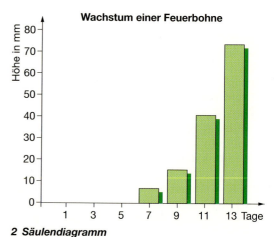

2 Säulendiagramm

3 In der folgenden Tabelle werden die Wachstumsbedingungen für Bohnen dargestellt. Beschreibe die durchgeführten Versuche und ziehe Schlussfolgerungen.

	Glas A	Glas B	Glas C	Glas D	Glas E	Glas F
Erde	ja	Watte	ja	ja	ja	ja
destilliertes Wasser ohne Mineralstoffe	ja	ja	nein	ja	ja	ja
Temperatur	warm	warm	warm	warm	kalt	warm
Licht	ja	ja	ja	nein	ja	ja
Luft	ja	ja	ja	ja	ja	nein
Ergebnis	wächst	wächst, stirbt später ab	wächst nicht	wächst, ergrünt nicht	wächst nicht	wächst nicht

Eine Sammlung anlegen

Methode

Möchtest du zu einem Thema eine Sammlung anlegen, brauchst du bestimmte Hilfsmittel. Planst du beispielsweise eine Sammlung zum Thema „Spuren im Wald", gehören Tüten, Bleistift, Papier, Bestimmungsbücher, Wanderkarten, Fotoapparat und Lupe zu deiner Ausrüstung. Mache dir zu jedem Fund Notizen, zum Beispiel wann und wo du ihn gefunden hast. Deine Sammlung kann durch Fotos oder Zeichnungen, beispielsweise von geschützten Pflanzen und Tieren, ergänzt werden. Du kannst die Gegenstände, die du gefunden hast, in einem Schaukasten sammeln. Für Pflanzen eignet sich gut ein Herbarium. Dazu müssen die Pflanzen gepresst werden. Denke daran, dass deine Sammlung übersichtlich angeordnet und gut beschriftet sein muss.

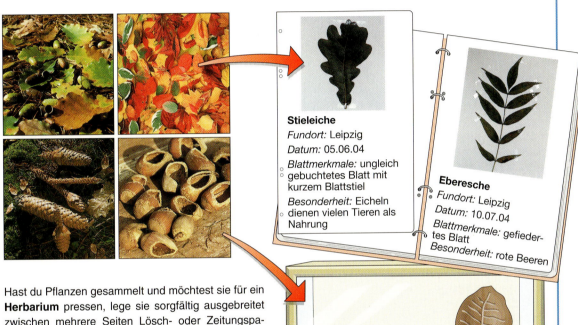

Stieleiche
Fundort: Leipzig
Datum: 05.06.04
Blattmerkmale: ungleich gebuchtetes Blatt mit kurzem Blattstiel
Besonderheit: Eicheln dienen vielen Tieren als Nahrung

Eberesche
Fundort: Leipzig
Datum: 10.07.04
Blattmerkmale: gefiedertes Blatt
Besonderheit: rote Beeren

Hast du Pflanzen gesammelt und möchtest sie für ein **Herbarium** pressen, lege sie sorgfältig ausgebreitet zwischen mehrere Seiten Lösch- oder Zeitungspapier. Damit du dich später noch an Fundort, Namen und Datum erinnern kannst, beschrifte einen Zettel mit den Angaben und lege ihn zu den jeweiligen Pflanzen. Beschwere den Papierstapel mit Büchern. Verwende anfangs nur wenige Bücher, später mehr. Je langsamer die Pflanzen gepresst werden, umso schöner erhält sich ihre Farbe.

Nach zwei Wochen kannst du die gepressten Pflanzen aufkleben, zum Beispiel auf Zeichenkarton, und in einen Ordner heften. Klebe auf jede Seite nur eine Pflanze und beschrifte sie sorgfältig mit Namen, Pflanzenfamilie, Fundort und Datum. Du kannst auch besondere Merkmale aufschreiben.

In einem **Schaukasten** kannst du zum Thema „Spurensuche im Wald" von Insekten angefressene Bucheckern, Holzstücke mit Fraßspuren von Borkenkäfern, von Eichhörnchen angenagte Zapfen und von Eichelhähern zerhackte Haselnüsse ausstellen. Auch Fotos von Spuren im Schnee, Eulengewöllen oder von angebissenen Sträuchern passen dazu.

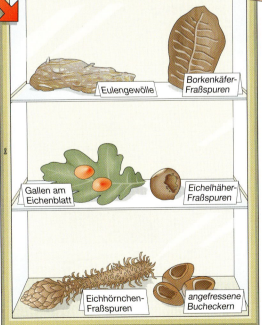

Arbeitsmethoden

2.3 Suche und Auswertung von Informationen

Im **Schulbuch** kannst du dir zuerst das Grundwissen über ein Thema verschaffen. Hinten im Buch findest du ein *Stichwortverzeichnis,* das auch Register genannt wird. Hier sind wichtige Begriffe alphabetisch angeordnet. Die Stichwörter verweisen auf die entsprechenden Seiten im Buch.

Im nächsten Schritt kannst du ein **Lexikon** benutzen. Darin lassen sich Begriffe leicht nachschlagen, weil die Informationen alphabetisch geordnet sind. Wenn du das Richtige gefunden hast, schreibe dir die wichtigsten Informationen heraus.
Auch an einem Computer kannst du mit einem Lexikon, zum Beispiel auf CD, arbeiten.

In der Schulbibliothek, der Stadtbücherei oder einer anderen *Bibliothek* findest du viele **Sachbücher,** zum Beispiel über die Tierwelt Südamerikas, die Geschichte der Fliegerei und andere interessante Themen. Auch viele Anleitungen zu praktischen Arbeiten gibt es hier. Um zu finden, was du suchst, kannst du das Inhaltsverzeichnis vorne im Buch durchschauen oder hinten im Stichwortverzeichnis nachschlagen.

Sehr viele Informationen und Abbildungen gibt es auch im **Internet.** Du findest leicht das Richtige, wenn du in eine *Suchmaschine* eine Kombination von zwei *Suchwörtern* eingibst. Lies die angezeigten Seiten kurz durch. Drucke nur die Abschnitte aus, die du wirklich für deine weitere Arbeit verwenden möchtest.

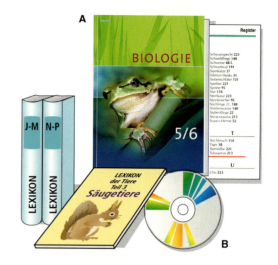

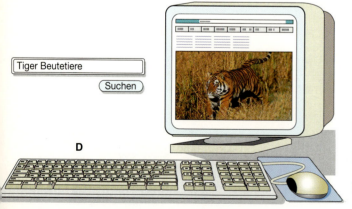

> Neben der unmittelbaren Wahrnehmung von Naturphänomenen kann man auch durch Verwendung von Informationsquellen, wie Bücher, CDs und Internet, den Lösungen naturwissenschaftlicher Fragestellungen näher kommen.

1 Suche in einem Lexikon das Wort „Tiger". Schreibe wichtige Informationen in dein Heft.
2 Lasst euch gemeinsam in einer Bücherei zeigen, wie ihr Bücher zu bestimmten Themen findet.
3 Besprecht in der Klasse, welche Suchmaschinen ihr im Internet benutzt. Probiere die Suchbegriffe „Tiger" und „Beute" aus und die Kombination „Tiger Beutetiere". Berichte.

1 Informationsquellen. **A** *Schulbuch;* **B** *Lexika;* **C** *Sachbücher;* **D** *Internet*

Arbeitsmethoden

Ein Heft führen

Methode

Mit einem gut geführten Fachheft kannst du zeigen, was du dir in einem Fach erarbeitet hast. Du kannst damit leichter wiederholen und dich auf Tests, Klassenarbeiten und Prüfungen vorbereiten. Außerdem kannst du dich freuen und stolz sein, wenn du dir dein schön gestaltetes Heft ansiehst.

Was gehört in ein Fachheft?

- Merksätze, wichtige Begriffe und Zeichnungen, wie ihr sie im Unterricht festgehalten habt
- Lösungen von Aufgaben, die du im Unterricht oder als Hausaufgaben bearbeitet hast
- Arbeitsblätter, die du bearbeitet hast
- Notizen über Beobachtungen und Versuche, die du gemacht hast. Diese kannst du durch Zeichnungen ergänzen. Hier kannst du beispielsweise das Verhalten von Tieren oder ein Experiment beschreiben.
- Zusatzmaterial, das du gesammelt hast. Das können Fotos, Zeitungsausschnitte, Kopien aus Büchern oder Ausdrucke von Internetseiten sein.
- eigene Arbeiten wie eine besonders schön gestaltete Seite über Hunderassen

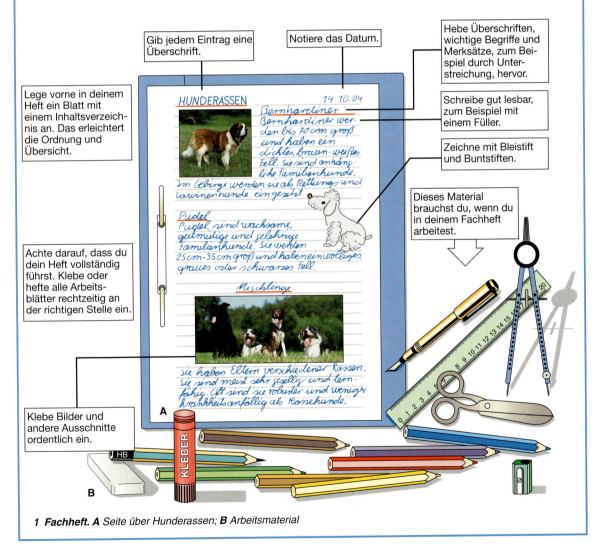

1 Fachheft. A Seite über Hunderassen; B Arbeitsmaterial

Arbeitsmethoden

2.4 Entdecken und Forschen

Viele naturwissenschaftliche Entdeckungen sind auf zufällige Beobachtungen zurück zu führen. So bemerkte zum Beispiel der englische Arzt Alexander FLEMING, dass um einen Schimmelpilz herum, der sich in einem verunreinigten Versuchsgefäß entwickelte, Bakterien abstarben. Er folgerte daraus, dass der Schimmelpilz einen chemischen Stoff erzeugte, der die Bakterien tötete. FLEMING versuchte nun, diesen Stoff zu isolieren und entdeckte dadurch das Penicillin, ein äußerst wichtiges Medikament zur Bekämpfung von durch Bakterien verursachten Infektionskrankheiten.

Auch in unserem Alltag machen wir immer wieder Beobachtungen, die uns dazu anregen sollten, eigenständig Erklärungen zu suchen. Wieso trägt man eigentlich im Hochsommer bevorzugt helle Kleidung? Dir ist sicherlich schon aufgefallen, dass man bei starker Sonneneinstrahlung in einer dunklen Jacke sehr schnell ins Schwitzen kommt. Wieso ist dies eigentlich der Fall?

Um diese Frage zu beantworten, wird man meist weitere Fragen stellen und schließlich über geeignete Schlussfolgerungen eine Lösung des Problems finden. Um das Ergebnis abzusichern, sollte man sich weitere Fragestellungen und Versuchsansätze überlegen. Dabei wird man feststellen, dass die logische Denkarbeit sehr viel Spaß machen kann. Vielleicht kann man auch die Idee in einer sinnvollen Weise anwenden, so wie die Lösung der oben gestellten Frage schließlich zum Bau von Sonnenkollektoren geführt hat. Wer das schafft, kann mit Recht als *Erfinder* bezeichnet werden.

> Das Suchen nach Problemlösungen führt zu eigenständigen Lösungsansätzen und ist die Grundlage des Forschens und Entdeckens.

1 Zur Abdeckung von Spargelbeeten im zeitigen Frühjahr wird oft schwarze Kunststofffolie verwendet. Erläutere.

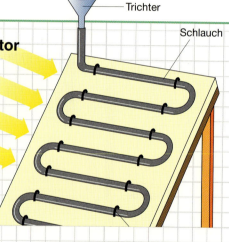

Übung: Wir bauen einen Sonnenkollektor

Wenn die Sonne auf einen mit Wasser gefüllten Gartenschlauch scheint, wird das Wasser warm.
Diese Tatsache macht man sich in **Solaranlagen** zunutze. Dazu werden zum Beispiel auf dem Dach eines Hauses **Sonnenkollektoren** montiert, durch die Wasser gepumpt wird.
Material: 1 Holzplatte (ca. 50 cm breit, 1 m lang und 1 cm dick); 1 Styroporplatte gleicher Größe; 5–7 m langer Schlauch (möglichst biegsam und schwarz, zum Beispiel Leerrohr aus dem Baumarkt); ca. 15 Halteklammern; Hammer; Schrauben; Schraubenzieher; Trichter; Thermometer.
Durchführung: Lege die Styroporplatte auf die Holzplatte. Lege den Schlauch in Schlangenlinien darauf. Befestige den Schlauch mithilfe der Halteklammern, die du durch das Styropor in der Holzplatte festschraubst. Achte darauf, dass an jedem Ende ein Schlauchstück (mindestens 50 cm lang) frei bleibt.
Bringe den Sonnenkollektor an einen sonnigen Platz. Halte die beiden Schlauchenden hoch oder binde sie an zwei Holzpfählen oder Ähnlichem fest. Fülle nun Leitungswasser, dessen Temperatur du vorher gemessen hast, mithilfe des Trichters in den Schlauch.
Aufgaben: a) Lass das Wasser im Kollektor eine halbe Stunde in der Sonne stehen. Fülle es dann in einen isolierten Vorratsbehälter und miss erneut die Temperatur. Vergleiche die Werte.
b) Welchen Zweck hat die Styroporplatte?
c) Nach welcher Himmelsrichtung sollten Sonnenkollektoren ausgerichtet werden?

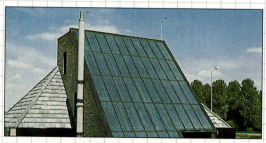

Haus mit Solaranlage

Arbeitsmethoden

Einen kurzen Vortrag halten

Methode

In folgenden Schritten kannst du einen Vortrag vorbereiten:
1. Sammle **Ideen.**
2. Suche dazu **Informationen** und werte sie aus. Frage dich dabei, was für dich und deine Klasse interessant, wichtig und neu ist.
3. Suche nach geeigneten Abbildungen und anderen Materialien.
4. Arbeite eine **Gliederung** für den Vortrag aus. Versuche einen spannenden Einstieg und einen geeigneten Schluss zu finden. Plane ein, dass von der Klasse Fragen gestellt werden.
5. Überlege, an welchen Stellen du etwas zeigen möchtest und welche Materialien und Geräte du dafür brauchst.
6. Bereite die Materialien zur Veranschaulichung vor.
7. Schreibe Stichwortzettel oder Karteikarten für deinen Vortrag.
8. Trainiere den Vortrag.

Plakate, Dias, Folien, Tafelskizzen oder andere Abbildungen veranschaulichen den Vortrag. Mit einem Beamer können auch Bilder vom Computer gezeigt werden.

Der Vortrag soll möglichst nicht abgelesen, sondern frei gehalten werden. Er soll vorher geübt sein und nicht länger als 10 bis 15 Minuten dauern.

Als Gedächtnisstütze können auf einem Blatt oder auf Karteikarten Stichworte notiert werden.

Mitgebrachtes Material macht neugierig und lädt zum Hinsehen und Begreifen ein.

1 Schlage einen Titel für den im Bild gezeigten Vortrag vor. Vergleiche deinen Vorschlag mit anderen Vorschlägen aus deiner Klasse.
2 Informiere dich über Schafe. Schreibe eine weitere Karteikarte zu einem anderen Gliederungspunkt dieses Vortrags.

1 Vortrag vor der Klasse

Arbeitsmethoden

2.5 Gemeinsames Lernen in Projekten

Die Klasse plant ein Projekt

Die Gruppen bearbeiten ihren Auftrag

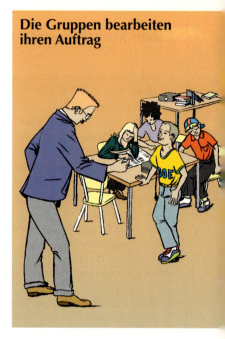

Selbstständiges Lernen macht viel Spaß, besonders wenn Gleichaltrige zusammen sind. Es klappt besser, wenn jeder seine Ideen einbringt. In manchen Lehrbüchern werden euch Themen angeboten, die ihr in Gruppen bearbeiten könnt. Solche Gruppenaktivitäten können oft fächerübergreifend sein und werden als **Projekte** bezeichnet.

Ein Projektthema besprecht ihr zunächst gemeinsam. Es ist oft schon in einzelne Arbeitsaufträge zerlegt.

Diese werden jeweils von einer Schülergruppe übernommen. Jede **Gruppe** arbeitet selbstständig und unabhängig von den anderen. Natürlich ist auch euer Lehrer dabei, aber er ist in erster Linie Berater. Er gibt euch Tipps und Anregungen, wenn es einmal nicht recht vorangeht. Euer **Auftrag** führt zu Beobachtungen, Versuchen und zu Messungen. Als Hilfe für die Arbeit könnt ihr auch Bücher, Zeitschriften, Prospekte, Bilder, Videos oder den Computer benutzen. Manchmal ist es auch sinnvoll, Fachleute zu fragen.

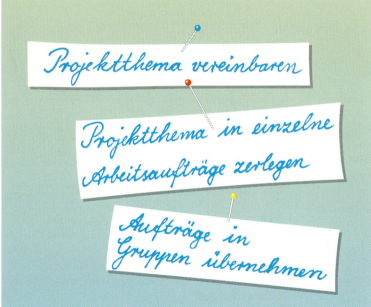

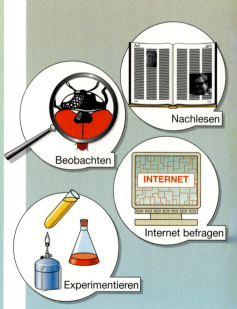

Arbeitsmethoden

Die Gruppen stellen ihre Ergebnisse vor

Die **Ergebnisse** der Beobachtungen, der Versuche, Befragungen oder Erkundungen stellt erst einmal jede Gruppe für sich zusammen. Damit alle Schüler der Klasse über die einzelnen Arbeitsergebnisse Bescheid wissen, trägt jede Gruppe ihre Ergebnisse den Mitschülern vor. Diese **Vorstellung** gibt somit jedem einen Überblick über alle wichtigen Teile des Projektthemas.

Die Ergebnisse eines Projekts sind oft auch für eine **Ausstellung** geeignet. Ihr könnt damit den anderen Schülerinnen und Schülern der Schule oder euren Eltern zeigen, was ihr erarbeitet und als Ergebnis herausgefunden habt. Bei größeren Projekten gibt es die Möglichkeit, die Ergebnisse im Schaufenster eines Geschäftes, in einer Bank oder gar im Rathaus auszustellen. Übersichtliche Zeichnungen und große Fotos machen Projektergebnisse besonders anschaulich. Gute Arbeiten könnt ihr auch in einer Zeitung veröffentlichen. Dazu müsst ihr die Ergebnisse besonders sorgfältig aufbereiten und sauber darstellen.

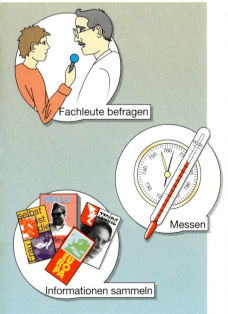

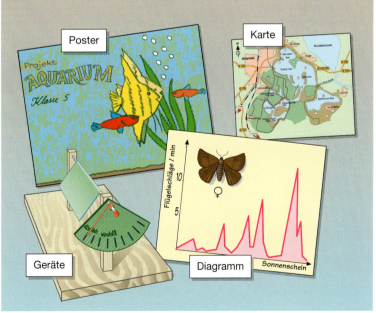

Arbeitsmethoden

| Methode | **Ein Informationsplakat entsteht** |

Plakate begegnen uns ständig. Mit großen auffallenden Bildern oder Schriften werben viele für Produkte, Firmen, Vereine oder auch politische Parteien. Manche informieren auch nur zu bestimmten Themen. Alle haben etwas gemeinsam: Sie fallen sofort auf. Und wir erkennen schnell, worum es geht.

Hast du Informationen zu einem bestimmten Thema gesammelt, kannst du sie auf einem **Plakat** zeigen.

Was du beim Erstellen eines Plakates beachten musst und wie du vorgehst:
- Erstelle eine Skizze, die zeigt, wie dein Plakat gestaltet werden soll.
- Ordne die Inhalte, die du zeigen möchtest, nach der Wichtigkeit.
- Bedenke: Der Platz ist begrenzt!

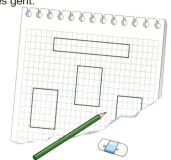

Finde eine passende Überschrift. Schreibe diese groß und deutlich auf das Plakat. Sie sollte auch aus einem Abstand von drei bis vier Metern gut lesbar sein.

Verwende nur einige ausgewählte Bilder. Diese sollten einfach gestaltet sein.

Für den Hintergrund des Plakats eignen sich viele Farben. Die Schrift muss sich vom Hintergrund jedoch gut abheben.

Plane nur so viel Text ein, wie unbedingt nötig ist.

Schreibe den Text möglichst mit dem Computer oder handschriftlich ordentlich mit einem dicken Stift.

Verwende für die Beschriftung nicht zu viele unterschiedliche Farben.

Gruppen- und Partnerarbeit beim Experimentieren

Methode

Im Unterricht kommt es häufig vor, dass ihr selbstständig Experimente plant und durchführt. Dazu wird in einer größeren Gruppe oder zu zweit gearbeitet.

Die **Gruppenarbeit** hat viele Vorteile. So kann jedes Gruppenmitglied Ideen einbringen, die ihr gemeinsam diskutieren könnt. Zudem ist es möglich, Aufgaben untereinander aufzuteilen.

Bei der **Partnerarbeit** dürft ihr zu zweit experimentieren. Dabei kann der Einzelne beim gleichen Versuch mehr tun als bei der Gruppenarbeit. Darüber hinaus ist es oft einfacher, sich zu zweit auf eine Vorgehensweise zu einigen als in einer größeren Gruppe.

Vom Sport her wisst ihr aber auch, dass ein Team nur dann gut zusammenarbeiten kann, wenn klare Regeln vereinbart wurden.

1 *Arbeiten am Gruppentisch*

Wichtige Regeln für die Gruppenarbeit

Plant den Versuch gemeinsam. Jeder in der Gruppe soll verstehen, wie der Versuch durchzuführen ist.

Es redet immer nur ein Gruppenmitglied. Die anderen hören aufmerksam zu.

Habt ihr innerhalb der Gruppe unterschiedliche Vorschläge und Meinungen, diskutiert sie in Ruhe aus und einigt euch auf eine Vorgehensweise.

Ein Gruppenmitglied holt die Versuchsmaterialien, ohne dabei zu rennen.

Teilt euch die Arbeit während des Experiments auf. Ein oder zwei Gruppenmitglieder führen den Versuch durch, ein oder zwei weitere Mitglieder beobachten und halten die Ergebnisse im Versuchsprotokoll fest.

Experimentiert in Ruhe, sodass die anderen Klassenmitglieder nicht gestört werden.

Wechselt euch bei den Aufgaben ab. Jeder muss beim nächsten Versuch eine andere Aufgabe übernehmen.

Haltet Ordnung auf dem Experimentiertisch eurer Gruppe.

Erstellt das Versuchsprotokoll gemeinsam. Jeder in der Gruppe sollte zum Schluss das gleiche Versuchsprotokoll vorliegen haben.

Treten in eurer Gruppe beim Experimentieren Konflikte auf, versucht sie zunächst selbst zu lösen. Holt erst dann eure Lehrerin oder euren Lehrer zu Hilfe, wenn ihr nicht mehr weiterkommt.

Themenbereiche und Konzepte

Stoffe und Materialien

1 Stoffe und ihre Eigenschaften

In dem Glasgefäß wird Wasser mit einem Gasbrenner erhitzt. Die Temperatur in der Flüssigkeit steigt bis annähernd 100 °C. Jetzt entstehen im Wasser Gasblasen und Wasserdampf entweicht. Wasser wird in den Naturwissenschaften als Stoff bezeichnet. Stoffe unterscheiden sich in ihren Eigenschaften. Eine wichtige Stoffeigenschaft ist zum Beispiel die Siedetemperatur.

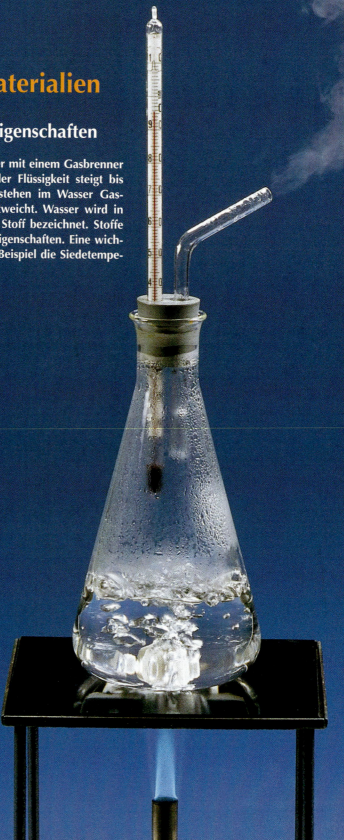

Stoffe und Materialien

1.1 Wasser begegnet uns in drei Aggregatzuständen

Heißes Wasser tropft auf einen Eisblock und höhlt ihn aus. Wasser fließt heraus und Wasserdampf steigt auf. Den kannst du nicht sehen, denn Wasserdampf ist unsichtbar. Du siehst nur den feinen Nebel, der daraus entsteht.
Hier zeigt sich Wasser in drei verschiedenen Zustandsformen: **fest, flüssig** und **gasförmig.** Diese drei Zustandsformen sind die **Aggregatzustände** des Wassers.

Ob ein Stoff fest, flüssig oder gasförmig ist, hängt von der Temperatur ab, die er gerade hat. Du weißt, dass Wasser bei Temperaturen *unter* 0 °C festes Eis bildet. Beim Erwärmen schmilzt es bei 0 °C. Es wird flüssig. 0 °C ist die **Schmelztemperatur** von Wasser. Bei dieser Temperatur geht Wasser vom festen in den flüssigen Aggregatzustand über.

Beim weiteren Erwärmen siedet das Wasser bei 100 °C und verdampft. 100 °C ist die **Siedetemperatur** von Wasser. Bei dieser Temperatur geht es vom flüssigen in den gasförmigen Aggregatzustand über.

Wenn du einen Eiswürfel in einem kleinen Becherglas erhitzt, kannst du diese drei Aggregatzustände zur gleichen Zeit beobachten. Es kommt vor, dass ein Teil des Wassers bereits siedet, während noch festes Eis im Wasser schwimmt. Es dauert nämlich einige Zeit, bis ein dicker Eiswürfel vollständig geschmolzen ist.

> Ein Stoff kann fest, flüssig oder gasförmig sein. Diese Zustandsformen heißen Aggregatzustände. Bei der Schmelztemperatur wird ein fester Stoff flüssig. Diese Temperatur beträgt bei Wasser 0 °C. Bei der Siedetemperatur wird ein flüssiger Stoff gasförmig. Diese Temperatur beträgt bei Wasser 100 °C.

1 Heißes Wasser tropft auf Eis

1 Zähle Nahrungsmittel auf, die mit siedendem Wasser zubereitet werden.
2 Flüssiges Wasser hat andere Eigenschaften als festes Wasser. Nenne die Unterschiede.
3 Wo wird Wasser in seinen verschiedenen Aggregatzuständen genutzt? Nenne Beispiele aus dem Alltag.
4 Nenne weitere Stoffe, die du schon in zwei Aggregatzuständen gesehen hast. Wo werden diese Stoffe in ihrem jeweiligen Zustand eingesetzt? Fertige eine Tabelle an.

5 Gib einen Eiswürfel in ein 100 ml-Becherglas. Stelle das Becherglas auf eine Ceranplatte oder ein Keramik-Drahtnetz und den Gasbrenner darunter. Erhitze mit kleiner blauer Flamme, bis der Eiswürfel geschmolzen ist.
Beobachte alle Veränderungen. Notiere sie.
6 Woran erkennst du, dass bei diesem Versuch auch Wasserdampf entsteht? Bedenke: Wasserdampf ist unsichtbar!

Stoffe und Materialien

1.2 Schmelzen und Erstarren

„Temperaturen um 0 °C – Glatteisgefahr." Bei dieser Meldung im Verkehrsfunk weiß jeder Fußgänger, Radfahrer und Autofahrer, was ihn auf der Straße erwartet. Manche bleiben dann lieber gleich zu Hause.

Bei 0 °C erstarrt Wasser zu Eis. 0 °C ist die **Erstarrungstemperatur** von Wasser. Sie ist *gleich* der Schmelztemperatur, die ja beim Wasser ebenfalls 0 °C beträgt.
Beim Wasser sprechen wir meistens vom *Gefrieren* statt vom Erstarren. Wir nennen deshalb die Temperatur 0 °C den *Gefrierpunkt* des Wassers.

Schmelz- und Erstarrungsvorgänge kannst du nicht nur beim Wasser beobachten. In der Küche wird Fett in der Fritteuse geschmolzen. Es erstarrt wieder beim Abkühlen. Aus geschmolzener Schokolade kannst du eine schöne Tortenglasur oder mit kleinen Förmchen sogar Pralinen gießen. Beim Basteln kannst du mit Lötzinn oder mit Schmelzkleber feste Verbindungen herstellen.
Die Schmelz- oder Erstarrungstemperaturen lassen sich für viele Stoffe sehr genau messen. Solche Messwerte werden benutzt, um Stoffe von anderen unterscheiden zu können.

1 Aus flüssiger Schokolade werden Pralinen

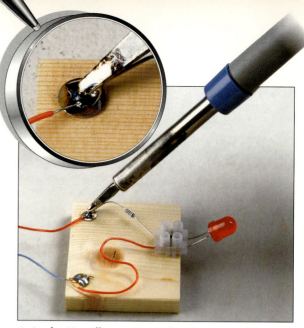

2 An der Lötstelle erstarrt geschmolzenes Lötzinn

Beachte bei den Experimenten **3** und **4** die auf den Seiten 26 bis 28 beschriebenen Sicherheitsvorkehrungen!
3 Fülle ein Reagenzglas zur Hälfte mit klein geschnittenem Kerzenwachs (Paraffin oder Stearin). Stelle das Reagenzglas in ein Becherglas mit etwa 60 °C warmem Wasser. Miss mehrmals die Temperatur des schmelzenden Wachses, solange noch größere Anteile des festen Kerzenwachses vorhanden sind (Abbildung 3 A).
Notiere die Messwerte.
4 Nimm das Reagenzglas mit dem vollständig geschmolzenen Wachs aus dem Wasserbad und lass es an der Luft abkühlen. Miss mehrmals die Temperatur des erstarrenden Kerzenwachses. Rühre dabei mit dem Thermometer vorsichtig um, damit es nicht im Wachs festklebt (Abbildung 3 B).
Notiere die Messwerte und vergleiche sie mit den Ergebnissen von Versuch 3. Erkläre deine Beobachtungen.

> Jeder Stoff hat seine eigene Schmelztemperatur.
> Sie ist eine wichtige messbare Stoffeigenschaft.
> Die Schmelztemperatur eines Stoffes ist gleich seiner Erstarrungstemperatur.

1 In einer Metallgießerei werden aus geschmolzenem Metall Gegenstände hergestellt. Nenne Beispiele für solche Gießereiprodukte.
2 Elektrische Anschlüsse werden häufig gelötet. Nenne Vorteile solcher Lötverbindungen.

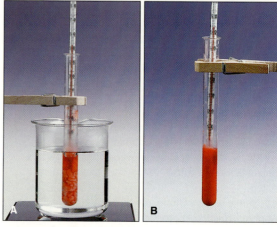

3 So werden die Schmelztemperatur (A) und die Erstarrungstemperatur (B) von Kerzenwachs bestimmt

1.3 Verdampfen und Kondensieren

Wenn du auf dem Küchenherd Wasser erhitzt, kannst du leicht feststellen, ob es siedet. Das Wasser bewegt sich dann heftig und der Wasserdampf steigt in großen Blasen an die Oberfläche. Das Wasser ist **verdampft.**

Hältst du ein kaltes Becherglas in den Wasserdampf, so bilden sich darin schnell Wassertropfen. Der Wasserdampf wird im Glas abgekühlt und dabei zu flüssigem Wasser, er **kondensiert.** Das Becherglas wird dabei sehr heiß, denn Wasser kondensiert bei 100 °C. Die **Kondensationstemperatur** des Wassers ist *gleich* der Siedetemperatur, die ja ebenfalls 100 °C beträgt. Das ist bei jedem Stoff so, jedoch haben unterschiedliche Stoffe auch unterschiedliche Kondensations- und Siedetemperaturen. Spiritus zum Beispiel siedet oder kondensiert bei 78 °C, Eisen aber erst bei 2730 °C.

2 Wasser siedet und kondensiert wieder

> Jeder Stoff hat seine eigene Siedetemperatur. Sie ist eine wichtige messbare Stoffeigenschaft. Die Kondensationstemperatur eines Stoffes ist gleich seiner Siedetemperatur.

1 „Chef, das Wasser kocht – oder soll's noch heißer werden?" Was sollte der Küchenchef auf diese Frage des neuen Küchengehilfen antworten?

2 In der Tabelle 1 sind die Schmelz- und Siedetemperaturen einiger Stoffe zusammengestellt. Nenne den Aggregatzustand, den diese Stoffe bei Raumtemperatur (20 °C) besitzen.

3 Gib für jeden Stoff aus der Tabelle an, zwischen welchen Temperaturen er flüssig ist.

4 Warum werden die Glühfäden in Glühlampen aus dem Metall Wolfram hergestellt?

5 Gib Wasser und ein Siedesteinchen in ein Becherglas. Erhitze bis zum Sieden.
a) Beobachte alle Veränderungen im Wasser.
b) Miss die Temperatur des Wassers während des Siedens einige Male. Was stellst du fest?

6 Gib 100 ml Wasser und ein Siedesteinchen in einen Erlenmeyerkolben. Verschließe den Erlenmeyerkolben mit einem durchbohrten Stopfen, in dem ein etwa 40 cm langes Glasrohr steckt (Abbildung 3). Bringe das Wasser im Kolben zum Sieden und beobachte die Vorgänge im Glasrohr.

7 Erhitze Wasser in einem Becherglas auf etwa 85 °C. Lösche die Brennerflamme. Stelle ein Reagenzglas hinein, das zu einem Viertel mit Spiritus gefüllt ist und gib ein Siedesteinchen in das Reagenzglas (Abbildung 4). Miss die Temperatur vom Spiritus während des Siedens einige Minuten lang. Was fällt dir auf?

Stoff	Schmelz-temperatur	Siede-temperatur
Sauerstoff	−218 °C	−183 °C
Methan (Erdgas)	−182 °C	−161 °C
Alkohol (Spiritus)	−114 °C	78 °C
Wasser	0 °C	100 °C
Schwefel	119 °C	444 °C
Kochsalz	801 °C	1440 °C
Quecksilber	−39 °C	357 °C
Zinn	232 °C	2270 °C
Gold	1064 °C	3080 °C
Eisen	1537 °C	2730 °C
Wolfram	3400 °C	5900 °C

1 Schmelz- und Siedetemperaturen einiger Stoffe

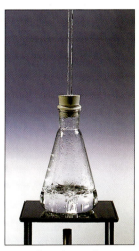

3 Verdampfen und Kondensieren von Wasser

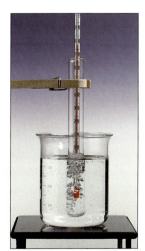

4 Bestimmung der Siedetemperatur von Spiritus

Stoffe und Materialien

Übung | Der Gasbrenner

Im naturwissenschaftlichen Unterricht wirst du häufig Versuche durchführen, bei denen Stoffe erhitzt werden. Für diese Versuche werden Gasbrenner für Erdgas oder Propangas verwendet. Damit du mit diesen Brennern gefahrlos umgehen kannst, musst du bestimmte Regeln beachten:

Vorbereitung

1. Stelle den Gasbrenner kippsicher auf eine feuerfeste Unterlage.
2. Schließe den Gasschlauch des Brenners an die Gaszuleitung des Tisches an.
3. Schließe die Gas- und Luftzufuhr des Brenners.

Achtung: Binde lange Haare zusammen und trage immer eine Schutzbrille.

Inbetriebnahme

4. Öffne zuerst die Gaszufuhr am Brenner und dann das Ventil an der Gaszuleitung. Entzünde das ausströmende Gas. Arbeite dabei zügig, aber ohne Hektik!
5. Verändere die Höhe der Gasflamme mit der Gasregulierschraube am Brenner.
6. Öffne dann die Luftzufuhr, bis du eine blaue Flamme erhältst.

Einstellung des Brenners

Die Höhe der Brennerflamme soll der Breite deiner Hand entsprechen.
Arbeite nur mit der blauen, aber noch nicht rauschenden Brennerflamme.

Achtung: Der Gasbrenner darf während der Arbeit nicht unbeaufsichtigt bleiben.

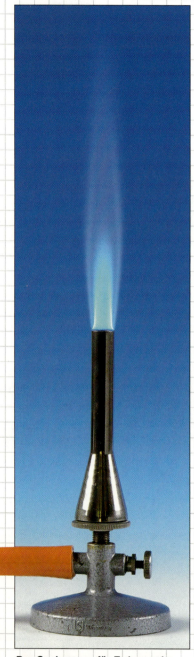

Der Gasbrenner für Erdgas oder Propangas

V 1 Untersuchung der Brennerflamme

Die Flamme besteht aus einem inneren, hellblauen und einem äußeren, dunkelblauen Kegel. Untersuche mithilfe eines Magnesiastäbchens die beiden Flammenkegel.
Halte das Stäbchen zunächst einige Zeit ruhig in den inneren Kegel. Ziehe es dann langsam von unten nach oben durch die Flamme. Beschreibe jeweils, was mit dem Magnesiastäbchen passiert.
Wo ist die heißeste Zone der Flamme? Achte besonders auf die Ränder der Flamme und auf den Übergang vom inneren zum äußeren Flammenkegel.

V 2 Schmelzen von Glas

Halte ein 30 cm langes Glasrohr an beiden Enden fest und erhitze die Mitte oberhalb des inneren Flammenkegels. Drehe dabei ständig das Glasrohr. Sobald das Glas anfängt weich zu werden, ziehe beide Enden außerhalb der Flamme zügig auseinander.

Schmelze ein weiteres Glasrohr an einem Ende zu. Drehe es dabei und erhitze das Ende so lange, bis das Glas rot glühend ist. Nimm es dann aus der Flamme, blase in das andere Ende hinein und versuche so eine Glaskugel herzustellen.

Achtung: Stelle das Gas nach Beendigung der Arbeit an der Gaszuleitung ab.

Stoffe und Materialien

Der Kartuschenbrenner

Ein anderer Gasbrenner, der sehr oft Verwendung findet, ist der Kartuschenbrenner. Er wird mit Butangas betrieben, das in einem Metallbehälter, der Kartusche, flüssig ist und als Gas austritt.

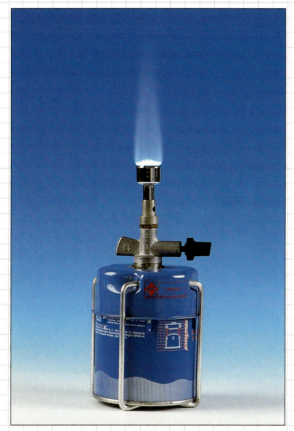

Der Kartuschenbrenner für Butangas

Beim Kartuschenbrenner muss besonders gut darauf geachtet werden, dass er senkrecht und kippsicher auf einer feuerfesten Unterlage steht.
Vor dem Anzünden des Gases wird beim Kartuschenbrenner die Luftzufuhr leicht geöffnet. Erst danach wird das Gasventil geöffnet. Das ausströmende Gas-Luft-Gemisch muss sofort entzündet werden.
Auch hier gilt: Arbeite zügig, aber ohne Hektik!

Butangas ist schwerer als Luft und fließt deshalb beim Ausströmen nach unten. Wird das Gas nicht sofort entzündet, sammelt sich das schwere Butangas auf der Tischplatte. Beim Anzünden des Gases kann es dann zu einer Stichflamme kommen.

A 3 Regeln für das Erhitzen von Stoffen im Reagenzglas

1. Fülle das Reagenzglas immer nur zu einem Drittel.
2. Gib bei Flüssigkeiten ein Siedesteinchen hinein.
3. Halte das Reagenzglas mit einer Klammer an seinem oberen Ende fest und halte es immer schräg in die klein eingestellte Flamme.
4. Beginne immer mit dem Erhitzen in Höhe des Flüssigkeitsspiegels. Schüttle dabei das Reagenzglas leicht, damit der Inhalt gleichmäßig erwärmt wird.
5. Richte die Reagenzglasöffnung niemals auf dich oder andere Personen.

V 4 Schmelzen von Kerzenwachs

Fülle ein Reagenzglas 5 cm hoch mit Kerzenwachs. Halte das Reagenzglas schräg in die Flamme und erhitze zunächst den oberen Teil des Wachses so lange, bis es geschmolzen ist. Ist dies geschehen, erwärme den restlichen Teil des Wachses. Beende den Vorgang, sobald alles Wachs flüssig geworden ist.

V 5 Erhitzen von Wasser

Fülle ein Reagenzglas zu einem Drittel mit Wasser. Gib ein Siedesteinchen hinein. Beginne mit dem Erhitzen in Höhe des Flüssigkeitsspiegels. Halte das Reagenzglas schräg in die Flamme und schüttle es dabei leicht hin und her. Beende den Versuch, sobald alles Wasser siedet.

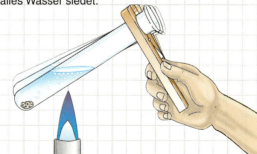

Richtiger Umgang mit Brenner und Reagenzglas

Denke daran: Alle Geräte werden nach dem Experimentieren gereinigt. Der Arbeitsplatz wird sauber und aufgeräumt verlassen.

Stoffe und Materialien

Methode — Richtiges Verhalten im Fachraum

Experimentiertipps

1. Lies oder besprich die Versuchsanleitung vor Beginn eines Versuchs ausführlich. Befolge sie genau.

2. Stelle alle benötigten Geräte und Chemikalien vor Versuchsbeginn bereit. Benutze sie erst nach ausdrücklicher Erlaubnis.

3. Baue alle Geräte standfest und kippsicher auf. Sorge dafür, dass die Vorratsgefäße für Chemikalien sicher stehen.

4. Beachte die vorgeschriebenen Sicherheitshinweise.

Umgang mit Chemikalien

1. Chemikalien dürfen nicht mit den Fingern angefasst werden.

2. Chemikalien dürfen niemals in Lebensmittelbehältern aufbewahrt werden.

3. Die Versuche werden mit möglichst wenig Chemikalien durchgeführt, weil nur so die Abfallmenge gering bleibt.

4. Chemikalienreste werden nicht in die Vorratsgefäße zurückgegeben. Sie werden in besonderen Abfallbehältern gesammelt.

5. Gefährliche Abfälle werden grundsätzlich extra gesammelt.

Sicherheitsvorkehrungen im Fachraum

1. Informiere dich, wie du dich bei Feuer und Unfällen verhalten musst und wo sich Feuerlöscher, Löschdecke und Not-Aus-Schalter befinden.

2. Informiere dich über den Fluchtweg. Jeder Fachraum muss über einen Notausgang verfügen.

3. Jacken und Mäntel müssen an einer Garderobe aufgehängt werden. Deine Schultasche darf nicht zur Stolperfalle werden.

4. Bewahre bei Feuer und Unfällen stets Ruhe. Bei Alarm musst du den Fachraum zügig, aber ohne zu drängeln, über die Fluchtwege verlassen.

Verhalten

1. In naturwissenschaftlichen Fachräumen darf nicht getrunken und gegessen werden.

2. Experimente mit Chemikalien oder offener Flamme dürfen grundsätzlich nur mit einer Schutzbrille durchgeführt werden.

3. Geschmacksproben dürfen nicht durchgeführt werden. Den Geruch stellst du durch vorsichtiges Zufächeln fest.

4. Dein Arbeitsplatz soll stets sauber und aufgeräumt sein. Alle Geräte werden nach der Beendigung des Versuchs wieder gereinigt und weggeräumt.

Gefahrensymbole

T+ sehr giftig	Xn gesundheitsschädlich	C ätzend	F+ hochentzündlich	O brandfördernd	N umweltgefährdend
T giftig	Xi reizend		F leichtentzündlich		

Stoffe und Materialien

Die Aggregatzustände lassen sich mit dem Teilchenmodell erklären

Streifzug durch die Physik

Wir wissen heute, dass alle Stoffe aus kleinen Teilchen bestehen. Die können wir uns sehr vereinfacht als kleine Kügelchen vorstellen. Sie sind so winzig, dass wir sie auch durch das beste Mikroskop nicht sehen können.

Die Vorstellung vom Aufbau der Stoffe nennen wir „Teilchenmodell". Diese Modellvorstellung hilft uns, das Verhalten eines Stoffes im festen, flüssigen und gasförmigen Zustand zu erklären.

Als Beispiel zur Erklärung nehmen wir eine Stearinkerze. Sie hat längere Zeit gebrannt und wurde gerade ausgeblasen.

Im *festen* Stearin sind die Teilchen auf engem Raum regelmäßig angeordnet. Sie haben feste Plätze, von denen sie sich nicht fortbewegen können. Diese regelmäßige Ordnung im Inneren erkennst du übrigens auch äußerlich an den schönen, regelmäßigen Kristallen des festen Stearins.

Im *flüssigen* Stearin sind die Teilchen nicht mehr regelmäßig geordnet und werden nicht mehr so fest zusammengehalten. Es sind Lücken dazwischen. Die Teilchen können jetzt leicht gegeneinander verschoben werden und darum jeden beliebigen Platz in der Flüssigkeit einnehmen.

Im *gasförmigen* Stearin sind die Stearinteilchen noch sehr viel weiter voneinander entfernt. Sie haben jeden Zusammenhalt verloren.

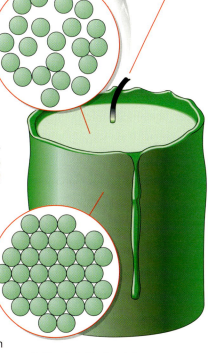

1 **Die drei Zustandsformen von Stearin im Teilchenmodell**

1 Erkläre mit dem Teilchenmodell, warum eine Flüssigkeit keine feste Form hat, sondern sich jedem beliebigen Gefäß anpasst.

2 Gasförmiges Stearin befindet sich nur dicht um den heißen Kerzendocht. Dieser Stearindampf ist unsichtbar. Welchen Aggregatzustand könnte das Stearin im weißen Rauch der ausgeblasenen Kerze haben?

2 *Die Aggregatzustände und die Zustandsänderungen bei Stearin*

Stoffe und Materialien

2 Volumen, Masse, Dichte

2.1 Jeder Körper hat ein Volumen

Jeder Körper braucht seinen Platz. Der Raum, den er beansprucht, heißt **Volumen**.
Das Volumen einer Flüssigkeit kannst du mit einem Messzylinder bestimmen. Dazu gießt du die Flüssigkeit hinein, stellst den Messzylinder auf eine waagerechte Fläche und liest in der Höhe des Flüssigkeitsspiegels das Volumen ab. Beim Ablesen musst du aufpassen, da sich der Flüssigkeitsspiegel am Rand des Gefäßes nach oben zieht. Den richtigen Wert erhältst du nur, wenn du an der tiefsten Stelle des Flüssigkeitsspiegels abliest.
Flüssigkeitsvolumen werden in *Hohlmaßen* angegeben: Liter (l), Zentiliter (cl) oder Milliliter (ml).
Das Volumen eines Schlüssels kannst du mit einem Messzylinder bestimmen. Dazu musst du zunächst so viel Wasser einfüllen, dass der Schlüssel vollständig untertauchen kann. Dann liest du das Wasservolumen genau ab. Danach tauchst du den Schlüssel vorsichtig ins Wasser und liest den neuen Wasserstand ab.
Du erhältst das Volumen des Schlüssels, wenn du die *Differenz* aus den Werten der zweiten und der ersten Messung bildest. Diese Möglichkeit der Volumenbestimmung heißt **Differenzmethode** (Abbildung 1A).
Du kannst das Volumen des Schlüssels auch mit der **Überlaufmethode** messen. Dazu füllst du ein Überlaufgefäß mit Wasser, bis es überläuft. Dann stellst du ei-

 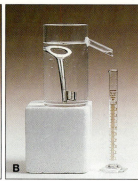

1 A Differenzmethode, **B** Überlaufmethode

nen Messzylinder unter den Ablauf. Nun hängst du den Schlüssel ganz hinein und fängst das verdrängte Wasser auf. Das Volumen des aufgefangenen Wassers ist so groß wie das Volumen des Schlüssels (Abbildung 1B).

> Das Volumen eines Quaders kann aus seinen Kantenlängen errechnet werden. Das Volumen von Flüssigkeiten kann mit einem Messzylinder gemessen werden. Das Volumen unregelmäßig geformter fester Körper lässt sich mit der Überlauf- oder der Differenzmethode bestimmen.

1 Bestimme nacheinander das Volumen folgender Körper mit der Differenzmethode: Stein, Schlüssel, Anspitzer und Radiergummi.
2 Begründe den Namen Differenzmethode.

Streifzug durch die Mathematik

Ein Ziegelstein ist ein Quader. Du kannst sein Volumen bestimmen, indem du dessen Länge l, Breite b und Höhe h misst. Dann musst du rechnen.
Das Volumen V ist das Produkt aus Länge, Breite, Höhe: Volumen = Länge · Breite · Höhe
Dafür kannst du kurz schreiben: $V = l \cdot b \cdot h$
Volumen des Ziegelsteins:
$V = 23\,cm \cdot 11\,cm \cdot 6\,cm = 1518\,cm^3$.

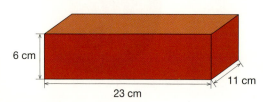

2 Die Maße eines Ziegelsteins

Eine Formel für das Volumen

Die Ausdrücke Volumen, Länge, Breite, Höhe heißen **Größen**. Zu einer Größe gehören der gemessene Zahlenwert *und* die Maßeinheit, zum Beispiel 3 cm oder 5 l oder 40 cm^3.
Bei der Berechnung des Volumens musst du alle drei Größen in der gleichen Maßeinheit schreiben.

Volumeneinheiten

1 Kubikmillimeter	1 mm^3	
1 Kubikzentimeter	1 cm^3	= 1000 mm^3
1 Kubikdezimeter	1 dm^3	= 1000 cm^3
1 Kubikmeter	1 m^3	= 1000 dm^3
1 Milliliter	1 ml	
1 Liter	1 l = 100 cl = 1000 ml	

Beachte: 1 l = 1 dm^3; 1 ml = 1 cm^3

2.2 Volumenänderung bei Flüssigkeiten

Ein randvoll mit Wasser gefüllter Stehkolben wird erwärmt. Die Wasseroberfläche wölbt sich nach oben. Das Wasser dehnt sich aus.
Beim Abkühlen zieht sich die Flüssigkeit zusammen und das Wasser im Stehkolben sinkt ab. Die Wasseroberfläche wölbt sich nach unten.
Wie verhalten sich andere Flüssigkeiten beim Erwärmen oder beim Abkühlen?
Unterschiedliche Flüssigkeiten dehnen sich beim Erwärmen unterschiedlich stark aus. Bei gleicher Erwärmung dehnt sich Spiritus etwa fünfmal mehr aus als Wasser. Auch bei Glykol ist eine größere Ausdehnung als bei Wasser festzustellen.
Das zeigt Versuch 2, denn der Flüssigkeitsstand in den Steigrohren steigt unterschiedlich hoch. Die gleiche Menge Flüssigkeit braucht mehr Platz, das *Volumen* vergrößert sich. Beim Abkühlen ziehen sich die Flüssigkeiten wieder zusammen.
Die Volumenänderung von Flüssigkeiten wird auch in der Küche genutzt, wenn Saft und Marmelade haltbar gemacht werden sollen. Sie werden kochend heiß in Flaschen oder Gläser eingefüllt. Die Gefäße werden dann sofort verschlossen. Beim Abkühlen wird das Volumen des Inhaltes kleiner. Dadurch wird der Verschluss von außen fest an den Glasrand gepresst und das Gefäß ist luftdicht verschlossen.

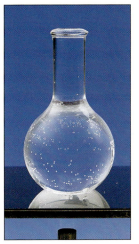
1 Wasser dehnt sich aus

2 Wasser zieht sich zusammen

> Flüssigkeiten dehnen sich beim Erwärmen aus und ziehen sich beim Abkühlen zusammen. Verschiedene Flüssigkeiten dehnen sich bei gleicher Erwärmung unterschiedlich stark aus.

4 Welche der Flüssigkeiten müsstest du verwenden, wenn du ein Thermometer bauen solltest, auf dem du auch noch kleine Temperaturunterschiede deutlich beobachten kannst?

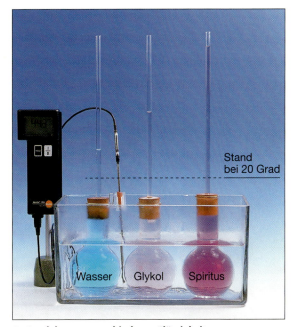
3 Ausdehnung verschiedener Flüssigkeiten

1 Fülle einen Stehkolben randvoll mit Wasser.
a) Erhitze den Stehkolben kurz und beobachte die Oberfläche der Flüssigkeit.
b) Stelle den Glaskolben zum Abkühlen in kaltes Wasser und beobachte die Oberfläche der Flüssigkeit erneut. Erkläre deine Beobachtungen.

2 Fülle in je einen kleinen Stehkolben gefärbtes Wasser, Glykol (Frostschutzmittel) und Spiritus. Verschließe die Kolben jeweils mit einem durchbohrten Gummistopfen, in dem ein Glasrohr steckt. Die drei Flüssigkeiten müssen zu Beginn des Versuches die gleiche Temperatur haben und gleich hoch im Steigrohr stehen. Um diesen Gleichstand zu erreichen, drücke oder ziehe an dem Stopfen. Stelle dann die Kolben gleichzeitig in warmes Wasser. Beobachte und beschreibe die Veränderungen.

3 Warum ist es bei Versuch 2 wichtig, alle drei Kolben in demselben Wasserbad zu erwärmen?

5 Erläutere, weshalb manchmal ein Gefäß zerspringt, wenn siedendes Wasser eingefüllt wird.
6 Warum werden Getränkeflaschen beim Abfüllen nie vollständig gefüllt?
7 Warum tanken kluge Autofahrerinnen und Autofahrer an heißen Sommertagen nicht ganz voll?

Stoffe und Materialien

2.3 Jeder Körper hat eine Masse

„Karin, hol mir schnell ein Kilogramm Tomaten!" Wie viel ist das? Für Karin ist das kein Problem, denn die elektronische Waage im Supermarkt zeigt das Gewicht an. Am Morgen hat sich Karin schon selbst auf eine Waage gestellt. Sie wollte ihr Gewicht überprüfen.
Wenn du einen Brief richtig frankieren willst, musst du ihn auf eine Briefwaage legen. Dann kannst du sein Gewicht ablesen und die richtige Briefmarke aufkleben.
Es gibt sogar Athleten, die große Gewichte in die Höhe stemmen. Sie heißen Gewichtheber.

Alle reden von Gewicht und doch meint jeder etwas anderes. Karin muss beim Einkauf wissen, *wie viel* sie nach Hause trägt. Am Morgen will sie ablesen, *wie schwer* sie ist. Der Gewichtheber prüft, *wie stark* er ist. In der Physik sind alle drei Messungen gleichberechtigt. Alles, was mit einer Waage bestimmt werden kann, heißt **Masse.** Dieses Wort ersetzt also den umgangssprachlichen Ausdruck Gewicht.

2 Elektronische Waage mit Anzeige

An vielen Waagen wird der Wert sofort angezeigt, wie bei der elektronischen Waage (Abbildung 2), einer Personenwaage oder eine Briefwaage.
Es gibt aber auch Waagen, die keinerlei Anzeige haben, wie die Balkenwaage (Abbildung 1 A). Wenn du damit eine Masse bestimmen willst, brauchst du einen Vergleichskörper, von dem du schon weißt, welche Masse er hat. Ein solcher Körper liegt im internationalen Maßbüro bei Paris und heißt **Urkilogramm.** Davon sind alle gebräuchlichen *Wägestücke* abgeleitet.

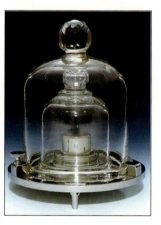

3 Urkilogramm

Um einen Körper zu wägen, legst du ihn auf eine Waagschale der Balkenwaage. Auf die andere Schale legst du so viele Wägestücke, bis die Waage im Gleichgewicht ist. Dazu musst du so lange kleinere oder größere Wägestücke auflegen, bis der Zeiger der Waage in der Mitte der Skala zur Ruhe kommt. Die Werte der einzelnen Wägestücke brauchst du nun nur noch zu addieren. Die Summe gibt dann die Masse des Körpers an. Mit einer Balkenwaage vergleichst du also die Masse des Körpers mit der Gesamtmasse aller Wägestücke.

1 Wägung mit der Balkenwaage. *A* Waage; *B* Wägesatz

Die Masse eines festen Körpers kannst du auch bestimmen, wenn du ihn an eine *Paketwaage* hängst. Er dehnt dabei eine Feder ein bestimmtes Stück aus. Am Ende der Feder befindet sich ein Zeiger, der auf einer Skala die Masse des Körpers anzeigt.

4 Paketwaage

> Die Masse eines Körpers wird mit einer Waage gemessen. Der Wert kann direkt abgelesen oder durch Massenvergleich mit Wägestücken bestimmt werden.

1 Schneide einen Apfel in mehrere dünne Scheiben. Bestimme die Masse der Apfelstücke. Lasse dann die Scheiben einige Stunden offen liegen und wiege erneut. Vergleiche die Messergebnisse und ziehe Schlussfolgerungen.

2 a) Erkundige dich, welche Waagen ihr zu Hause habt.
b) Sieh nach, wie groß die Masse eines Körpers jeweils sein darf, damit du ihn noch mit der Waage bestimmen kannst.

3 Ein Wägesatz enthält folgende Wägestücke: ein 1 g-, zwei 2 g-, ein 5 g- und ein 10 g-Stück.
a) Welche Massen kannst du damit bestimmen?
b) Welche Wägestücke müsste der Wägesatz haben, damit du einen Körper mit einer Masse von 119 g wägen kannst?

WÄGEN UND WAAGEN

Pinnwand

Laufgewichtswaage

Bei dieser Waage musst du die Laufgewichte bei den entsprechenden Kerben einhängen und die Einzelwerte addieren.

Briefwaage

1 Erkundige dich, wie groß die Masse bei einem Standard- und Kompaktbrief höchstens sein darf.

Wiegt oder wägt man einen Brief?

Für viele Menschen klingt folgender Satz eigenartig: „Um einen Brief zu wägen, verwendet man eine Briefwaage." In der Umgangssprache sagt man statt dessen meist: „Um einen Brief zu wiegen, verwendet man eine Briefwaage."
Ein Rechtschreib-Lexikon gibt Auskunft: „wiegen (das Gewicht feststellen, *fachspr. nur* für Gewicht haben)", bzw. „wägen (*fachspr., sonst veraltet* für das Gewicht bestimmen)"
Während also in der Umgangssprache der Begriff „wiegen" sowohl für den Wert einer Zustandsgröße als auch für den Vorgang der Bestimmung dieser Größe verwendet wird, unterscheidet die Fachsprache der Physik hier sehr deutlich durch die Verwendung zweier verschiedener Begriffe.

Wie wird die Masse von Wasser bestimmt?

2 Besorge dir ein Glas und bestimme die Masse des Glases. Fülle nun das Wasser hinein und bestimme jetzt die Masse von Glas und Wasser. Subtrahiere dann die Masse des Glases von der Gesamtmasse. Auf diese Weise kannst du auch die Masse von anderen Flüssigkeiten bestimmen.

Masseeinheiten

1 Milligramm	1 mg	
1 Gramm	1 g	= 1000 mg
1 Kilogramm	1 kg	= 1000 g
1 Tonne	1 t	= 1000 kg

Bestimmen von Massen

3 Lege nacheinander verschiedene Körper wie Holzklötze, Steine oder Schrauben auf eine Briefwaage und bestimme jeweils die Masse. Halte die Werte in einer Tabelle fest.
4 Bestimme die Massen der Körper aus V 1 auch mit einer Balkenwaage und einer Laufgewichtswaage. Halte die Werte in einer zweiten und dritten Tabellenspalte fest und vergleiche sie miteinander.
Welche Waage zeigt die Masse am genauesten an?
5 Bestimme die Masse von 200 ml Wasser.

2.4 Ist Holz schwerer als Eisen?

Der kleine, schmächtige Max hebt die Kugel mühelos hoch, der große, kräftige Moritz kommt mit seiner Kugel nicht aus der Hocke. Woran kann das liegen? Beide Kugeln sind doch gleich groß.

Offenbar spielt hier eine Rolle, aus welchem Stoff die jeweilige Kugel ist. Max ist nämlich doch nicht stärker als Moritz. Er stemmt ganz locker eine Kugel aus Holz, während Moritz sich mit einer Kugel aus Eisen abmüht. Legt man die beiden Kugeln auf eine Waage, sieht man, dass die Eisenkugel mehr als zehn Mal so schwer ist wie die Holzkugel. Diese Feststellung gilt aber nur dann, wenn beide Kugeln gleich groß sind, also das gleiche Volumen aufweisen. Wenn die Eisenkugel halb so groß ist wie die Holzkugel, würde sie etwa das Fünffache wiegen. Dagegen ist eine große Kugel aus Holz sicherlich deutlich schwerer als eine kleine Eisenkugel. Wenn man also verschiedene Stoffe vergleichen will, muss man Masse und Volumen gleichermaßen berücksichtigen.

Häufig verwendet man für Stoffvergleiche exakt ausgemessene Würfel dieser Stoffe. Solche Würfel mit einer Kantenlänge von genau einem Zentimeter haben jeweils ein Volumen von 1 cm^3. Mit einer empfindlichen Waage kann man dann die Masse des Würfels messen. Der Eisenwürfel wiegt 7,9 Gramm, der Holzwürfel dagegen, je nach Art des verwendeten Holzes, rund 0,7 Gramm.

Die Masse von jeweils einem Kubikzentimeter eines Stoffes ist also eine sehr wichtige Vergleichsgröße, die man als **Dichte** bezeichnet.

1 Max ist offenbar stärker als Moritz!

1 a) Forme aus einer Stange Plastilin eine Kugel und bestimme deren Masse und Volumen.
b) Forme nun aus zwei Stangen Plastilin eine Kugel und bestimme ebenfalls Masse und Volumen.
c) Nimm dann eine beliebige Menge Plastilin und bestimme erneut Masse und Volumen.
d) Dividiere für jede Kugel den Wert ihrer Masse durch den Wert ihres Volumens. Was stellst du fest?
e) Mit der Berechnung in Aufgabe 1 d hast du die Dichte von Plastilin ermittelt. Begründe diese Aussage.

*2 **A** Bestimmung der Masse; **B** des Volumens eines Korkens*

2 Bestimme die Masse und das Volumen von verschiedenen festen Körpern, wie von deinem Haustürschlüssel, von einem Nagel, von einem Kieselstein oder von einem Stück Kupferrohr. Berechne mit diesen Werten jeweils die Dichte des Stoffes. Verwende dazu Aufgabe 1 d und e.

3 Bestimme die Masse eines Flaschenkorkens mit einer Briefwaage. Miss sein Volumen mit dem Überlaufgefäß. Achte darauf, dass der Korken ganz untertaucht. Dazu musst du ihn mit einer dünnen Nadel ins Wasser drücken. Das Volumen der Nadel macht gegenüber dem des Korkens nichts aus. Bestimme die Dichte. Nimm Aufgabe 1 d und e zu Hilfe.

Stoff	Dichte in Gramm pro Kubikzentimeter	Stoff	Dichte in Gramm pro Kubikzentimeter
Gold	19,3	Grafit	2,25
Blei	11,3	Kiesel	≈ 2,1
Kupfer	8,9	Holz	≈ 0,7
Eisen	7,9	Hartgummi	≈ 1,2
Aluminium	2,7	Kork	0,2
Zink	7,13	Styropor	≈ 0,04
Zinn	7,28	Wasser	1,0
Messing	≈ 8,5	Spiritus	0,8
Glas	2,5	Benzin	0,65
Beton	≈ 2,0	Salatöl	0,9

3 Dichte einiger Stoffe

Stoffe und Materialien

Auch Flüssigkeiten können zum Vergleich herangezogen werden. So kann ein Kubikzentimeter Wasser mit einem geeigneten Messzylinder abgemessen und dann auf einer Waage gewogen werden. Der Kubikzentimeter Wasser wiegt genau 1,0 Gramm. Ein Eisenwürfel dieser Größe wiegt 7,9 Gramm. Aufgrund seiner wesentlich größeren Dichte schwimmt der Eisenwürfel nicht im Wasser, sondern geht unter. Ein Stück Holz dagegen hat eine geringere Dichte als Wasser und schwimmt deshalb an der Wasseroberfläche.

4 Würfel mit dem Volumen von 1 cm^3

> Eine wichtige Vergleichsgröße von Stoffen ist die Dichte. Sie wird durch die Masse des Stoffes pro Kubikzentimeter festgelegt. Stoffe mit einer geringeren Dichte als 1,0 Gramm pro Kubikzentimeter schwimmen auf Wasser, Stoffe mit einer größeren Dichte gehen unter.

5 Ein Goldbarren

4 Nenne Stoffe aus Tabelle 3, von denen du weißt, dass sie auf Wasser schwimmen. Vergleiche die Dichte und erläutere.

5 Mische etwa einen Esslöffel Salatöl mit etwa 100 Milliliter Wasser. Schüttele das Gemisch und lasse es einige Minuten ruhig stehen. Beschreibe und erläutere deine Beobachtungen.

6 Reines Gold kann man in Form von Goldbarren kaufen. Für Schmuckstücke oder für Goldmünzen wäre es zu weich und würde sich schnell abnutzen. Deshalb setzt man dem Gold ein weiteres Metall, zum Beispiel Kupfer, zu. Wie verändert sich die Dichte? Erläutere.

Messen in der Küche

Methode

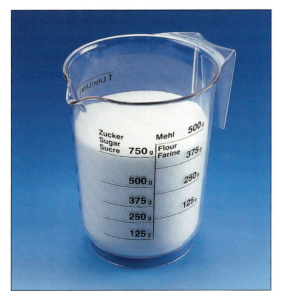

1 Messbecher für Mehl und Zucker

Mit einem Messbecher kannst du die Masse von Lebensmitteln wie Mehl oder feinem Zucker in Gramm (g) abmessen.

Doch warum sind für Zucker und Mehl zwei verschiedene Skalen notwendig?
Wie du siehst, nimmt die eingefüllte Menge Zucker mit 750 g so viel Raum ein wie etwa 430 g Mehl. In das gleiche Volumen passt also mehr Zucker als Mehl.
Bei gleicher Masse, zum Beispiel 250 g, nimmt Zucker nur ungefähr den halben Raum ein wie die gleiche Masse Mehl. Die Dichte von Zucker ist also größer als die Dichte von Mehl.

Wenn du die Dichte von Zucker und Mehl bestimmst, erhältst du folgende Werte: Dichte von Zucker 1,1 Gramm pro Kubikzentimeter, Dichte von Mehl 0,6 Gramm pro Kubikzentimeter.
Diese unterschiedlichen Dichten wurden bei der Einteilung der Skalen des Messbechers berücksichtigt.

Stoffe und Materialien

1 Vergleiche ein Stück Aluminiumblech mit einem Zinkblech. Lege dazu für beide Stoffe einen einfachen Steckbrief an. Beschreibe dann die Eigenschaften der beiden Stoffe mithilfe deiner Sinnesorgane.

2 a) Ritze beide Bleche wechselseitig. Beschreibe. Was schließt du daraus?
b) Ritze das Aluminiumblech und das Zinkblech mit einem Bleistift, einem Eisennagel und einem Stahlnagel. Vergleiche die Ergebnisse.

3 a) Bestimme mit einer Waage die Masse des Aluminiumblechs und die Masse von Zinkblech. Notiere die Ergebnisse in Gramm.
b) Miss das Volumen von beiden Blechen mit einem Messzylinder. Achte darauf, dass der ganze Körper in das Wasser taucht.
Notiere die Ergebnisse in cm^3.
Beachte: 1 ml = 1 cm^3
c) Berechne die Dichte von Aluminium und von Zink nach der Formel:
Dichte = $\frac{\text{Masse}}{\text{Volumen}}$
d) Vergleiche die Ergebnisse. Was stellst du fest?

4 Prüfe mit einem Magneten die Magnetisierbarkeit des Aluminiumbleches und des Zinkbleches.

5 Erweitere mit den Ergebnissen aus Aufgabe 2 bis 4 die einfachen Steckbriefe aus Aufgabe 1.

2 Bestimmung der Härte durch Ritzen

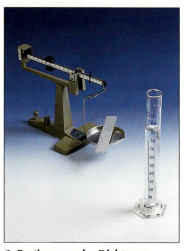

3 Bestimmung der Dichte aus Masse und Volumen

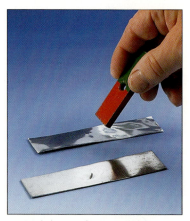

4 Bestimmung der Magnetisierbarkeit

2.5 Stoffeigenschaften lassen sich untersuchen

In unserem Alltag begegnen uns immer wieder Stoffe, die sich sehr ähnlich sind. So kann es Probleme geben, wenn Stoffe gleich aussehen und die Gefäße nicht mehr richtig beschriftet sind.

Es gibt verschiedene Verfahren, mit denen die Eigenschaften von Stoffen genau untersucht werden können. So kannst du einen einfachen Steckbrief erweitern.

Härte

Durch Ritzen kannst du feststellen, wie *hart* die Stoffe sind.
Um Stoffe miteinander zu vergleichen, können sie wechselseitig geritzt werden. Dabei musst du immer mit gleicher Kraft arbeiten.

Du kannst aber auch mit einem Bleistift, einem Eisennagel oder einem Stahlnagel Ritzversuche durchführen. So hast du die Möglichkeit über die Ritztiefe die Härte von Stoffen zu vergleichen.

Dichte

Um die Dichte eines Stoffes zu bestimmen, musst du die Masse und das *Volumen* eines Körpers messen.

Die Masse bestimmst du mithilfe einer Waage. Sie wird in g angegeben.
Das Volumen wird mit der Überlaufmethode oder der Differenzmethode ermittelt. Es wird in cm^3 angegeben.

Magnetisierbarkeit

Mithilfe eines Magneten kannst du überprüfen, ob ein Stoff magnetisch oder *magnetisierbar* ist.

Steckbrief

Aussehen:
Aggregatzustand: fest
Härte:
Dichte:
Magnetisierbarkeit:
   nicht magnetisierbar
elektrische Leitfähigkeit:
   leitet den elektrischen Strom
Siedetemperatur:
Schmelztemperatur: 660°C
Löslichkeit:

Stoff: Aluminium

1 Erweiterter Steckbrief

Stoffe und Materialien

Elektrische Leitfähigkeit

Mit einer Prüfstrecke kannst du herausfinden, ob ein Stoff den elektrischen Strom leitet.

Schmelz- und Siedetemperatur

Im Schullabor gelingt die Bestimmung dieser Temperaturen nur bei Stoffen mit relativ niedrigen Schmelz- und Siedetemperaturen, zum Beispiel bei Wasser oder Spiritus. Viele Stoffe haben aber so hohe Schmelz- und Siedetemperaturen, dass diese Werte nur aus Tabellen entnommen werden können. So schmilzt das Metall Titan bei 1700 °C und siedet erst bei 3260 °C.

Löslichkeit

Mit der Löslichkeit ist in der Regel die Löslichkeit in Wasser gemeint. Aber auch die Löslichkeit in anderen Flüssigkeiten, zum Beispiel in Alkohol oder Benzin, ist eine kennzeichnende Eigenschaft für Stoffe.

Und nicht nur Feststoffe lösen sich in Flüssigkeiten, sondern auch andere Flüssigkeiten. So löst sich zum Beispiel die Flüssigkeit Alkohol in jedem beliebigen Verhältnis in Wasser. Auch Gase, zum Beispiel Sauerstoff oder Stickstoff, lösen sich in Wasser.

> Eigenschaften von Stoffen lassen sich durch verschiedene Mess- und Prüfverfahren bestimmen. Dadurch lassen sich Stoffe voneinander unterscheiden.

6 Beschreibe, wie du die Dichte und die elektrische Leitfähigkeit von Flüssigkeiten bestimmen kannst.

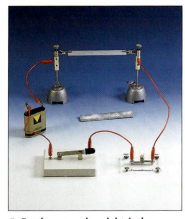

5 Bestimmung der elektrischen Leitfähigkeit

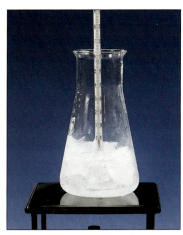

6 Bestimmung der Schmelztemperatur

7 Bestimmung der Löslichkeit

7 Teste mithilfe einer Prüfstrecke die elektrische Leitfähigkeit von Körpern aus Aluminium und Zink. Berichte.

8 a) Erhitze zuerst ein Stück Aluminium und dann ein Stück Zink mithilfe einer Tiegelzange in der nicht leuchtenden Brennerflamme. *Vorsicht:* Benutze eine feuerfeste Unterlage.
Beobachte und beschreibe.
b) Vergleiche das Verhalten der beiden Stoffe und notiere deine Beobachtungen.

9 Suche aus einer Tabelle die Siede- und Schmelztemperaturen von Aluminium und Zink heraus. Vergleiche sie. Was stellst du fest?

10 Vervollständige die erweiterten Steckbriefe aus Aufgabe 5.

11 Fülle einen hohen Erlenmeyerkolben mit zerstoßenem Eis. Erhitze ihn wie in Abbildung 6. Miss die Temperatur alle 30 s, bis das Eis geschmolzen ist. Fertige eine Tabelle an, in der du die Zeit und die dazugehörige Temperatur einträgst.

12 Fülle 100 ml Wasser in einen Erlenmeyerkolben (250 ml) und füge zwei Siedesteinchen hinzu. Erhitze vorsichtig bis zum Sieden. Miss alle 30 s die Temperatur und beobachte die Veränderungen.
Bestimme die Siedetemperatur.
Ergänze die Tabelle aus Aufgabe 11.

8 Unvollständiger Steckbrief

Stoffe und Materialien

3 Stoffe mit den Sinnen erkennen

3.1 Aufgaben der Sinnesorgane

Du benutzt deine Sinnesorgane, um Gegenstände und Stoffe unserer Umwelt zu erkennen. Stell dir vor, eine Klassenkameradin soll dir eine Süßigkeit beschreiben, die du nicht sehen kannst. Wie beschreibt sie ein Gummibärchen? Sicher beschreibt sie das Aussehen, also die Farbe und die Form, dann den Geruch und möglicherweise auch noch die Verformbarkeit, die sie ertastet hat. Augen, Nase und der Tastsinn wirken hier zusammen und geben dir eine Vorstellung der Süßigkeit.

Die **Augen** sind dein wichtigstes Sinnesorgan. Mit ihnen erkennst du nicht nur die Farbe und die Form, sondern auch, wie die Oberfläche eines Gegenstandes beschaffen ist. Außerdem erkennst du, ob ein Stoff fest oder flüssig ist und ob der Gegenstand undurchsichtig, durchscheinend wie Milchglas oder klar durchsichtig wie Glas ist.

1 Farbe

2 Geruch

Deine **Nase** lässt dich viele Gerüche wahrnehmen und warnt dich manchmal vor gefährlichen Gasen. Der beißende Rauch eines Feuers veranlasst dich, einen Ort mit frischer Luft zu suchen.

3 Klang

Im Zusammenwirken mit der **Zunge** werden besonders Nahrungsmittel erkannt und unterschieden. Deine Zunge unterscheidet dabei süß, sauer, bitter und salzig. Beim Erkennen und Genießen der Nahrung spielen aber auch noch die Tastsinneszellen der Lippen und im Mundbereich eine wichtige Rolle.

4 Tasten

Im Labor und bei Versuchen darf der Geruch nur durch vorsichtiges Zufächeln festgestellt werden. Geschmacksproben dürfen nicht durchgeführt werden!

Mit den **Ohren** erkennst du viele Stoffe an einem besonderen Klang, den sie beim Anschlagen erzeugen.

5 Verformbarkeit

So kannst du den hellen Klang eines Trinkbechers aus Glas deutlich von dem dumpfen Klang eines Plastikbechers unterscheiden. Auch viele andere Vorgänge sind von charakteristischen Geräuschen begleitet.

Mit den druck- und wärmeempfindlichen Sinneszellen deiner **Haut** kannst du nicht nur die Oberfläche ertasten, sondern auch noch eine Aussage zur Masse eines Gegenstandes machen. Auch seine Verformbarkeit kann ertastet werden. Die wärmeempfindlichen Sinneszellen sagen dir etwas über die Temperatur eines Gegenstandes.

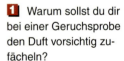

Sehen, Riechen, Schmecken, Hören und Fühlen sind deine Sinne. Mit ihnen kannst du Stoffe und Gegenstände erkennen.

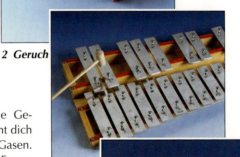

1 Warum sollst du dir bei einer Geruchsprobe den Duft vorsichtig zufächeln?

2 Warum sind Geschmacksproben im Labor verboten?

3 Warum reicht ein Sinnesorgan in der Regel nicht aus, um einen Stoff oder Gegenstand zu erkennen?

Stoffe und Materialien

1 Gleicher Stoff, verschiedene Formen

2 Gleiche Form, unterschiedliche Stoffe

3.2 Körper und Stoffe

Schaust du dich in deinem Zimmer oder im Klassenraum um, wirst du viele Gegenstände entdecken. Alle diese Gegenstände sind im physikalischen Sinne **Körper.** Du kennst *feste* Körper wie Tische oder Stühle, *flüssige* Körper wie den Saft in einer Flasche oder *gasförmige* Körper wie die Luft in einem Ball. So lässt sich jedem Körper bei Zimmertemperatur ein *Aggregatzustand* zuordnen.

Körper lassen sich aber auch auf andere Weise unterscheiden. Sie können aus verschiedenen Materialien bestehen. Ein Stuhl kann aus Holz, aus Kunststoff oder aus Metall gefertigt sein. Tische können aus Holz, Marmor oder Glas hergestellt werden. Solche Materialien, aus denen Körper bestehen, werden **Stoffe** genannt.

In Abbildung 1 siehst du viele Schokoladenfiguren. Alle Figuren sind aus dem gleichen Stoff, aus Schokolade. Sie unterscheiden sich trotzdem, denn alle haben verschiedene **Formen.** Aus dem gleichen Stoff wurden also unterschiedliche, feste Körper geformt.
Abbildung 2 zeigt viele Kugeln. Hier haben alle Körper die gleiche Form, bestehen aber aus unterschiedlichen Stoffen.

Stoffeigenschaften lassen sich mithilfe der Sinnesorgane unterscheiden

Betrachtest du verschiedene Körper, kannst du mit deinen Augen viele voneinander unterscheiden. Du kannst ihr Aussehen beschreiben und dabei die Farbe und den Aggregatzustand bei Zimmertemperatur bestimmen. Auch deine Nase kann behilflich sein. Stoffe können einen typischen Geruch besitzen. Viele sind aber geruchlos.
Bei Lebensmitteln prüfst du den Geschmack mit deiner Zunge. Du schmeckst Stoffe als salzig, süß, bitter oder sauer. Alle diese Stoffeigenschaften lassen sich in einem **Steckbrief** zusammenfassen.

> Körper können fest, flüssig oder gasförmig sein. Sie bestehen aus verschiedenen Stoffen und haben unterschiedliche Formen. Mithilfe der Sinnesorgane kannst du sie unterscheiden.

1 Betrachte die Gegenstände in Abbildung 2. Welche Stoffe kannst du erkennen? Nenne Unterschiede.
2 Beschreibe das Aussehen folgender Stoffe: Wasser, Haushaltsessig, Apfelessig, Milchzucker, Zucker, Salz.
3 Führe eine Geruchsprobe mit folgenden Stoffen durch: Wasser, Apfelessig, Salz, Zucker, Essig, Spiritus. Berichte.
4 Teste den Geschmack folgender Lebensmittel: Apfelessig, Haushaltsessig, Zitrone, Milchzucker, Salz. Beschreibe und notiere deine Ergebnisse.
5 Bestimme den Aggregatzustand von Essig, Holzkohle, Alufolie, Salz und Sauerstoff.
6 Erstelle Steckbriefe von Zitronensaft und Kandiszucker.

3 Einfacher Steckbrief

Stoffe und Materialien

1 Geschmacksproben bei Lebensmitteln

1 Versuche mit verbundenen Augen verschiedene Lebensmittel wie Zucker, Salz, Essig, Orangensaft, Curry, Kaffee und Tee zu bestimmen. Wie gehst du vor?
Achtung: Verwende keine verunreinigten Lebensmittel und nur für Lebensmittel geeignete Gefäße!
2 Notiere Lebensmittel, die du an ihrem typischen Geruch erkennen kannst.

2 Brausepulver und Zucker unter der Lupe

3 Betrachte Streuzucker und Brausepulver mit einer Lupe. Was stellst du fest?

> **Rezept für Brausepulver (10 Personen):**
>
> 5 Esslöffel Zucker
> 3 Esslöffel Zitronensäure
> 2 Esslöffel Natron
> 1 Päckchen Vanillinzucker
> 1–2 Tropfen Fruchtaroma (z.B. Himbeere)
>
> Mische alle Zutaten in einer trockenen, sauberen Schüssel, die nur für Lebensmittel benutzt wird.
> Wenn alles gleichmäßig verrührt ist, kannst du das Brausepulver an deine Mitschülerinnen und Mitschüler verteilen oder damit Brause herstellen.

4 Stoffgemische und ihre Trennung

4.1 Reinstoffe und Stoffgemische

Viele Stoffe aus Küche und Haushalt lassen sich mit den Augen, der Nase und der Zunge leicht erkennen. Manche Stoffe, wie Salz und Zucker, lassen sich allerdings allein mit den Augen nur schlecht auseinander halten. Mit einer Geschmacksprobe wirst du diese beiden Stoffe jedoch leicht unterscheiden können.

Zucker gibt es in verschiedenen Formen, als feinen Puderzucker, groben Streuzucker, als Zuckerwürfel oder weißen Kandiszucker. Fein zermahlen schmeckt jede Zuckerart gleichmäßig süß. Zucker ist ein **Reinstoff.** Reinstoffe sind einheitlich aufgebaut und haben an allen Stellen die gleichen Eigenschaften.

Beim Brausepulver ist das anders. Im Unterschied zum Zucker schmeckt Brausepulver nicht an allen Stellen gleich. Es schmeckt teils süß, teils sauer, und es schäumt sogar auf der Zunge.
Betrachtest du Brausepulver mit einer Lupe, dann siehst du, dass es aus verschiedenen Bestandteilen zusammengesetzt ist, die auch unterschiedlich schmecken. Brausepulver ist also ein **Stoffgemisch.** Es besteht aus mehreren Reinstoffen: Zucker, Weinsäure oder Zitronensäure, Natron und Farbstoff.

Stoffgemische begegnen dir täglich, zum Beispiel als Kräutersalz, Waschmittel oder Backmischungen. Manche Stoffgemische lassen sich durch einfache Trennverfahren auch wieder in Reinstoffe zerlegen.

> Reinstoffe sind einheitlich aufgebaut. Jede beliebig entnommene Probe weist exakt die gleichen Eigenschaften auf.
> Stoffgemische bestehen aus mehreren Reinstoffen.

4 a) Ordne die folgenden Stoffe nach Reinstoffen und Stoffgemischen: Vogelfutter, Schwefel, Limonade, Müsli, Kupfer, Kochsalz, Tinte, Kandiszucker, Kräuterbutter, Curry.
b) Begründe, warum du die einzelne Stoffe jeweils als Reinstoffe oder Stoffgemische eingeordnet hast.
5 Besorge dir aus einem Lebensmittelgeschäft ein Röhrchen mit Vitamin-C-Brausetabletten. Handelt es sich hier um einen Reinstoff oder ein Stoffgemisch? Nimm das Etikett auf dem Röhrchen zu Hilfe. Gib eine Brausetablette in etwas Wasser. Beschreibe deine Beobachtungen und erläutere.

TRENNVERFAHREN IM ALLTAG

Pinnwand

1 a) Zerlege Studentenfutter in seine einzelnen Bestandteile. Wie gehst du vor?
b) Finde einen Namen für dieses Trennverfahren.

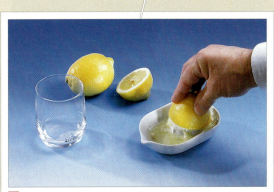

4 Presse eine frische Zitrone aus. Du möchtest den Saft möglichst ohne das Fruchtfleisch verwenden, aber kein weiteres Küchengerät benutzen. Wie gehst du vor?

2 Betrachte Vollkornmehl mit einer Lupe. Gib es durch ein Sieb und betrachte es danach noch einmal. Wie wurden die Bestandteile getrennt?

5 In vielen Küchen sind über der Kochstelle Dunstabzugshauben eingebaut. In ihnen wird Fett gebunden und so die Luft gereinigt.

6 Wie lassen sich Nudeln oder Klöße vom Kochwasser trennen? Nenne verschiedene Möglichkeiten.
7 Bei Arbeiten, bei denen viel Staub anfällt, sind Staubschutzmasken vorgeschrieben. Erläutere die Funktionsweise dieser Masken.
Nenne weitere Einsatzgebiete für Atemmasken.
8 Auf welche Weise kann das Wasser von Aquarien gereinigt werden?

3 a) Rühre drei Teelöffel kakaohaltiges Getränkepulver in ein Trinkglas mit Milch. Lass das Glas einige Zeit ruhig stehen und beschreibe, was dabei geschieht.
b) Trinke ohne umzurühren das Glas leer und betrachte danach den Boden des Glases.

Stoffe und Materialien

1 Steinsalz ist ein Gemisch

4.2 Vom Steinsalz zum Kochsalz

Salz ist in unserer Küche unentbehrlich. Wir brauchen es zum Würzen von Kartoffeln, Nudeln, Reis und vielen anderen Speisen.
Ein Teil unseres Kochsalzes wird als Steinsalz in Bergwerken gewonnen. Doch dieses Rohsalz ist zunächst nicht zum Kochen geeignet.

Ein Steinsalzbrocken aus einem Salzbergwerk enthält Verunreinigungen. Untersuchst du ihn genauer, wirst du feststellen, dass Steinsalz ein Gemisch aus weißem Kochsalz und teilweise farbigem Gestein ist. Um reines Kochsalz zu erhalten, muss dieses Gemisch getrennt werden.

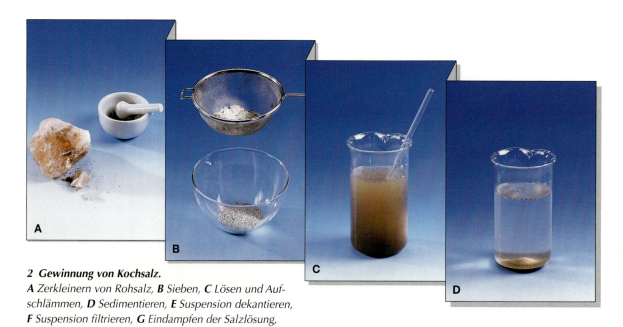

2 Gewinnung von Kochsalz.
A Zerkleinern von Rohsalz, B Sieben, C Lösen und Aufschlämmen, D Sedimentieren, E Suspension dekantieren, F Suspension filtrieren, G Eindampfen der Salzlösung, H Salz nach dem Eindampfen

1 Beschreibe einen Steinsalzbrocken.
2 Zerkleinere einen Steinsalzbrocken mit einem Pistill in einem Mörser. Siebe das Gemisch mit einem grobmaschigen Sieb über einem großen Becherglas. Betrachte den Rest im Sieb und das Gemisch im Becherglas. Berichte.
3 Gib zu dem zerkleinerten, gesiebten Steinsalz etwas Wasser und rühre mit einem Glasstab um. Beschreibe deine Beobachtung.
4 Lass die in Aufgabe 3 hergestellte Mischung einige Zeit ruhig stehen. Gieße dann die über dem Bodensatz stehende Flüssigkeit in ein Becherglas. Betrachte und beschreibe die Flüssigkeit.

Zunächst wird das Steinsalz mithilfe eines Mörsers möglichst fein zerrieben. Größere Steine kannst du durch **Sieben** entfernen.
Dann gibst du das zerkleinerte Steinsalz in Wasser. Es entsteht eine schmutzig trübe Flüssigkeit, die *Aufschlämmung* oder **Suspension** heißt. Die Salzteilchen **lösen** sich im *Lösungsmittel* Wasser, nicht jedoch die groben Verunreinigungen. Sie sinken nach einiger Zeit zu Boden und setzen sich dort ab, sie **sedimentieren**.

Lässt du die Suspension stehen, kannst du nach einiger Zeit die über dem Bodensatz stehende Flüssigkeit, die Kochsalzlösung, abgießen. Dieser Vorgang heißt **Dekantieren**.

Stoffe und Materialien

Wenn du die abgegossene Flüssigkeit genau betrachtest, siehst du, dass sie noch verunreinigt ist. Sie enthält zwar keine großen Schmutzteilchen mehr, sie sieht aber immer noch trüb aus. Du kannst also durch Dekantieren nur die größeren Teilchen einer Suspension von der Flüssigkeit trennen.

Kleinere Teilchen können nur mit einem Filter abgetrennt werden. Dieser Vorgang heißt **Filtrieren**. Der Filter hat kleine Löcher, die Filterporen. Feste Teilchen, die größer sind als die Filterporen, bleiben im Filter zurück. Sie bilden den **Rückstand**. Die Flüssigkeit, die hindurchgelaufen ist, heißt **Filtrat**. Es ist eine klare Lösung von Kochsalz in Wasser. Eine solche Salzlösung nennt man *Sole*.

Aus der Sole kannst du das reine Kochsalz gewinnen, indem du sie bis zum Sieden erhitzt. Durch die Wärmezufuhr **verdampft** das Wasser recht schnell. Die Sole wird vollständig eingedampft. Am Ende bleibt eine Schicht aus weißen Salzkristallen übrig.

7 Gieße die Flüssigkeit aus Aufgabe 4 durch einen Laborfilter. Falte dazu aus einem Rundfilter eine Filtertüte nach der Anweisung in Abbildung 3. Betrachte und beschreibe den Rückstand im Filter sowie das Filtrat.

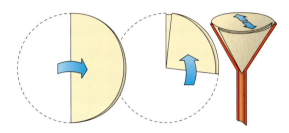

3 So wird ein Filter gefaltet

8 Fülle eine Abdampfschale etwa 1 cm hoch mit der in Aufgabe 5 gewonnenen reinen Kochsalzlösung. Erhitze die Salzlösung mit der klein eingestellten, blauen Brennerflamme. *Vorsicht*, beim Erwärmen kann Salz herausspritzen. Stelle den Brenner ab, bevor das letzte Wasser verdampft ist. Was beobachtest du? Betrachte das Ergebnis und beschreibe.

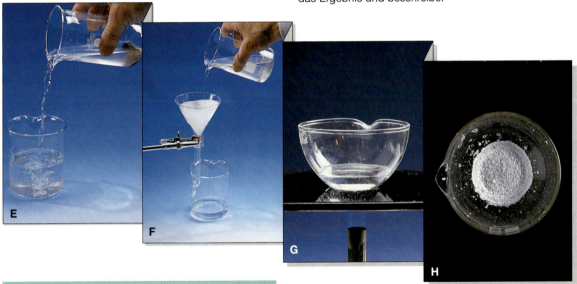

> Steinsalz kann durch Sieben, Aufschlämmen, Lösen und Sedimentieren von groben Verschmutzungen gereinigt werden. Durch Dekantieren, Filtrieren und anschließendes Eindampfen können aus einer Suspension die Verunreinigungen und das Wasser abgetrennt werden.

5 Wie fein darf der Kaffee gemahlen werden, wenn er über einen Filter aufgegossen werden soll?
6 Nenne Beispiele aus dem Alltag, wo ein Sieb zum Trennen von Gemischen eingesetzt wird.

9 Betrachte die Salzkristalle mit einer Lupe. Vergleiche sie mit den Kristallen von Speisesalz.
10 Stelle eine gesättigte Salzlösung her und gib sie in eine Glasschale. Lass sie einige Tage stehen und beobachte. Notiere die Veränderungen und beschreibe das Ergebnis.
11 Warum sollen manche Fruchtsäfte vor dem Öffnen der Flasche geschüttelt werden?
12 Woher kommt der Name Kochsalz?

Stoffe und Materialien

1 Zucker wird zerkleinert

4.3 Stoffe bestehen aus kleinsten Teilchen

Zucker gibt es in verschiedenen Formen. Es gibt groben und feinen Zucker, Würfelzucker, Kandiszucker und Puderzucker. Was passiert zum Beispiel mit dem Kandiszucker, wenn er in einem Mörser immer weiter zerkleinert wird?

Du kannst beim Zerreiben feststellen, dass die Zuckerstücke immer kleiner werden. Bald sind sie so klein, dass du sie auch mit einer Lupe nicht mehr als einzelne Kristalle erkennen kannst. Dies gelingt aber mithilfe eines Mikroskops. Damit lassen sich Form und Größe der Kristallsplitter noch gut erkennen.

Wird Zucker in Wasser gegeben, so löst er sich nach und nach auf. Nach einiger Zeit scheint er völlig verschwunden zu sein. Der süße Geschmack der Lösung zeigt aber, dass der Zucker noch vorhanden ist.
Mit gefärbtem Zucker wie in Abbildung 2 lässt sich der Vorgang besonders gut beobachten. Am Anfang bilden sich gelbe Schlieren, die sich immer weiter ausbreiten. Schließlich sind die Kristalle verschwunden und das Wasser erscheint ziemlich gleichmäßig gefärbt.

Mit der Modellvorstellung, nach der alle Stoffe aus *kleinsten, kugelförmigen Teilchen* aufgebaut sind, ließen sich bereits die Aggregatzustände und ihre Übergänge am Beispiel der Kerze erklären. Die Vorgänge beim Lösen von Zucker in Wasser lassen sich mit diesem Modell nun ebenfalls anschaulich darstellen.

Im festen Zuckerkristall liegen die Teilchen dicht nebeneinander und sind an ihre Plätze gebunden (braune Kugeln in Abbildung 2A). Die Wasserteilchen können sich dagegen frei bewegen. Nach und nach drängen sich die Wasserteilchen zwischen die Zuckerteilchen im festen Kristall und lösen sie aus dem Zuckerkristall heraus (Abbildung 2B). Wenn der Zucker vollständig aufgelöst ist, haben sich alle Zuckerteilchen gleichmäßig zwischen den Wasserteilchen verteilt (Abbildung 2C).
Wenn man die Lösung offen stehen lässt, verdunsten die Wasserteilchen und es bilden sich wieder Zuckerkristalle.

1 Welche Zuckersorten gibt es? Wodurch unterscheiden sie sich?
2 Nimm ein Stück Kandiszucker. Zerkleinere es in einem Mörser so fein wie möglich. Betrachte zwischendurch die Zuckerteilchen mit der Lupe. Beschreibe deine Beobachtungen.
3 Gib ein Stück Kandiszucker in ein Becherglas mit Wasser. Notiere deine Beobachtungen.
4 Gib einige Kaliumpermanganatkristalle in ein Becherglas mit Wasser. Was passiert mit den Kristallen und mit dem Wasser?
5 Beschreibe den Lösungsvorgang von Zucker in Wasser mithilfe von Abbildung 2.

 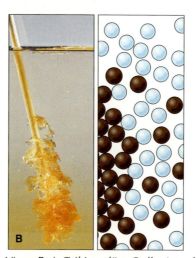 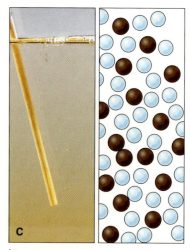

2 *Zucker löst sich in Wasser.* **A** *Vor dem Lösen;* **B** *ein Teil ist gelöst;* **C** *alles ist aufgelöst*

Stoffe und Materialien

Mit dem Teilchenmodell kann man viele Vorgänge einfach erklären, wie zum Beispiel die Volumenverringerung beim Mischen von Flüssigkeiten.
Wenn man 50 ml Wasser mit 50 ml Brennspiritus vermischt, so erwartet man als Ergebnis das doppelte Volumen, also 100 ml. Tatsächlich erhält man aber ein geringeres Volumen. Wie ist das möglich?

Mithilfe eines Modellversuchs lässt sich die Volumenverringerung erklären. Dabei dienen Erbsen und Senfkörner als Modelle für die kleinsten Teilchen von Spiritus und Wasser. Mischt man 50 ml Erbsen mit 50 ml Senfkörnern, so erhält man ebenfalls ein geringeres Volumen als die erwarteten 100 ml. Das liegt daran, dass es zwischen den dicht gepackten Erbsen noch kleine Hohlräume gibt. Werden die Senfkörner dazugegeben, dann füllt ein Teil von ihnen diese Hohlräume aus.
Auch beim Mischen von Spiritus und Wasser füllen die kleineren Wasserteilchen zum Teil die Hohlräume zwischen den größeren Spiritusteilchen aus.

Modelle sind in vielen Bereichen der Technik und der Wissenschaft von Nutzen. So werden zum Beispiel bei der Entwicklung neuer Autos Modelle aus Holz oder Ton hergestellt. Aus der Biologie kennst du Modelle für die Funktion von Organen.
Alle diese Modelle können die Wirklichkeit aber nur teilweise abbilden. Das gilt auch für das Teilchenmodell. Mithilfe dieses Modells ist es möglich, den Aufbau der Stoffe im festen, flüssigen und gasförmigen Aggregatzustand zu erklären. Über Größe und Aussehen der Teilchen lässt sich aber nichts aussagen.

Mit dem Teilchenmodell lassen sich auch Trennverfahren wie die Filtration erklären. In einer Suspension aus Ton und Wasser bewegen sich die großen Tonteilchen zwischen den viel kleineren Wasserteilchen. Wird die Suspension durch ein Filterpapier gegossen, bleiben die Tonteilchen vor den Filterporen liegen. Nur die kleinen Wasserteilchen können ungehindert durch die Filterporen hindurch.

3 Mischversuche

8 Gib in einen Messzylinder 50 ml Wasser. Fülle in einen zweiten Messzylinder 50 ml Brennspiritus. Mische beide Flüssigkeiten miteinander. Beschreibe deine Beobachtungen.
9 Gib in einen Messzylinder 50 ml Erbsen und in einen zweiten Messzylinder 50 ml Senfkörner. Mische Erbsen und Senfkörner in einem Becherglas und miss das Volumen der Mischung. Notiere deine Beobachtungen.
10 Stelle in einem Becherglas eine Suspension aus Ton und Wasser her. Gieße sie durch ein Papierfilter in ein zweites Becherglas. Beschreibe den Rückstand und das Filtrat.
11 Beschreibe die Suspension und den Vorgang des Filtrierens mithilfe des Teilchenmodells.

> Das Teilchenmodell sagt aus, dass alle Stoffe aus kleinen, kugelförmigen Teilchen bestehen. Die Teilchen bewegen sich.

6 Erkläre mithilfe des Teilchenmodells die Vorgänge in den Abbildungen 2A–H auf den Seiten 42 und 43.
7 Erläutere mithilfe des Teilchenmodells, weshalb durch Umrühren ein Lösungsvorgang beschleunigt werden kann.

4 Suspension und Filtrieren im Teilchenmodell

Stoffe und Materialien

4.4 Trennung und Verwertung von Müll

Jeder Mensch verursacht im Laufe seines Lebens eine gewaltige Menge an Müll. Über 500 kg wirft jeder Einwohner Deutschlands jedes Jahr in die verschiedenen Mülltonnen.

Verpackungen mit dem grünen Punkt werden als **Wertstoffe** meistens in gelben Säcken oder gelben Tonnen gesammelt. Hierzu zählen Kunststoffe, Metalle, Verbundstoffe, Papier und Glas. Die Kosten für die **Wiederverwertung** müssen natürlich indirekt die Verbraucher über leicht erhöhte Verkaufspreise tragen.

Beim Umgang mit dem Müll sind auch die Verbraucher gefordert, die tagtäglich ihren Hausmüll in unterschiedliche Tonnen sortieren. Denn nur durch eine sorgfältige Mülltrennung kann die Wiederverwertung der Wertstoffe, das **Recycling,** gewährleistet werden. Aus diesem Grund werden die bereits vorsortierten Wertstoffe in **Müllsortieranlagen** transportiert. Dort werden verschiedene technische Verfahren angewendet, um den Abfall zu trennen: Große **Siebtrommeln** sondern kleinere Müllteile von größeren ab und leiten sie auf Fließbändern weiter. Diese sind mit **Magneten** ausgestattet, die Eisen anziehen und so vom übrigen Müll trennen. Es arbeiten aber auch Menschen an den Fließbändern. Verbundstoffe, Textilien und größere Gegenstände aus Kunststoff werden oft noch **von Hand ausgelesen.**
Starke Gebläse, die **Windsichter,** blasen leichtes Papier, Pappe und Kunststoffe vom Förderband in die entsprechenden Sammelbehälter. Reste aus Kunststoff werden anschließend zerkleinert, gewaschen und zu Granulat zermahlen. In einen **Hydrozyklon** wirbeln sie dann zusammen mit Wasser umher. Aufgrund ihrer Dichte schwimmen die leichteren Teile nach oben, die schwereren Kunststoffe sinken nach unten. Das getrennte Kunststoffgranulat wird getrocknet und an Kunststoffbetriebe weiterverkauft.

Etwa 70 % des täglichen Abfalls können nicht wiederverwertet werden. Staubsaugerbeutel, Windeln, Asche, Hygieneartikel oder die verschmutzte Katzenstreu gehören

1 Müllarten

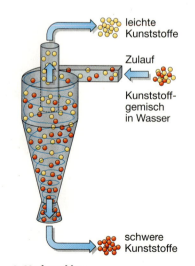

2 Hydrozyklon

Stoffe und Materialien

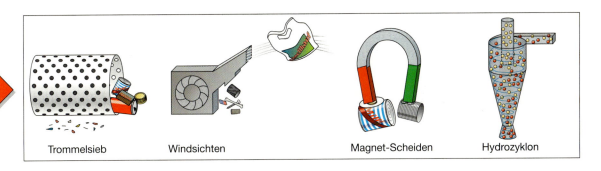

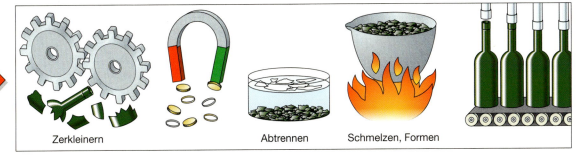

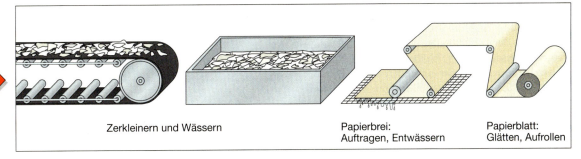

3 Wertstoff-Recycling

in die **Restmülltonne**. So landen in Deutschland jährlich über 13 Millionen Tonnen unverwertbaren Mülls entweder auf der **Mülldeponie** oder in einer **Müllverbrennungsanlage**.
Wir produzieren aber auch Müll, den wir weder wiederverwerten können, noch in die Restmülltonne werfen dürfen: **Sondermüll**. Altöldosen kann man bei den Verkaufsstellen abgeben, alte Medikamente gehen zurück an die Apotheke. Leere Batterien oder defekte Akkus wirft man in die Sammelboxen der Händler; Lösemittel und Farbreste werden von den Wertstoffhöfen angenommen.
Die Trennung und Entsorgung von Müll ist sehr teuer. Auf Mülldeponien muss z. B. darauf geachtet werden, dass das Grundwasser nicht verschmutzt wird. Aus den Abgasen von Müllverbrennungsanlagen müssen giftige Stoffe gefiltert werden. Daher sollte sich jeder darum bemühen, möglichst wenig Müll zu verursachen.

> Eine sorgfältige Trennung des Mülls ist die Voraussetzung für die Wiederverwertung von Wertstoffen, das Recycling. Der Restmüll kommt auf Mülldeponien oder in Müllverbrennungsanlagen. Umweltschädliche Stoffe gehören zum Sondermüll.

1 Wie entsorgt man Batterien, Medikamente und Altöldosen richtig?
2 Beschreibe das Recycling von Papier.
3 Rechne aus, wie viel Müll du nach der Statistik bisher bereits verursacht hast.
4 In einer Mülltonne befinden sich Papierschnipsel, Eisennägel, Styropor, Sand und Schnipsel einer Plastiktüte. Plane einen Versuch zur Mülltrennung. Probiere aus, ob die Trennung auch funktioniert. Welche Trennmethode hast du jeweils verwendet?

Stoffe und Materialien

1 Aktivkohle reinigt den Kochdunst

4.5 Weitere Trennverfahren

In vielen Küchen sind über dem Herd Dunstabzugshauben eingebaut. Sie sollen den Kochdunst von Fett und Gerüchen reinigen.
Wenn die Abluft nicht ins Freie geleitet werden kann, wird sie von der Umlufthaube durch einen speziellen Fettfilter angesaugt. Hier bleiben die Fetttröpfchen hängen. Danach strömt die Luft durch einen Filter mit Aktivkohle. So ein Filter enthält sehr viele kleine Kohlekörnchen. Da sie zahlreiche Hohlräume besitzen, verfügen sie über eine sehr große Oberfläche: Bereits fünf Gramm Aktivkohle haben eine Oberfläche, die so groß ist wie ein Fußballfeld.
Die angesaugte Luft wirbelt durch die Hohlräume der Aktivkohle, dabei bleiben die Geruchsstoffe an der riesigen Oberfläche hängen. Man sagt, sie werden **adsorbiert.** Die gereinigte Luft wird anschließend wieder in die Küche geleitet. Auch Atemschutzmasken enthalten solche Aktivkohle-Filter.

In manchen Entsaftern wird der Saft in einer Zentrifuge vom Fruchtfleisch getrennt. Das Fruchtfleisch befindet sich in einem Sieb, das sehr schnell gedreht wird. Der Saft wird dadurch herausgeschleudert und anschließend in einem Behälter gesammelt. Dieser Vorgang wird **Zentrifugieren** genannt.

Bei der Zubereitung von Kaffee **löst** das heiße Wasser verschiedene Stoffe aus dem Kaffeepulver **heraus;** man sagt, sie werden **extrahiert.** Nicht gelöste Stoffe bleiben im Kaffeepulver zurück. Ganz ähnlich ist es beim Aufbrühen von Teeblättern. Beim Extrahieren nutzt man die unterschiedliche Löslichkeit von Stoffen in einem Stoffgemisch. Auch das Entfernen von Gras- oder Fettflecken aus Kleidungsstücken mithilfe von Waschbenzin ist eine Extraktion. In der Technik extrahiert man Fette aus Samen oder Duft- und Wirkstoffe aus Pflanzen.

> Die Adsorption, das Zentrifugieren und die Extraktion sind wichtige Verfahren zur Trennung von Stoffgemischen.

1 Welche Aufgabe hat die Aktivkohle in einer Dunstabzugshaube?
2 Beschreibe die Funktion einer Fruchtsaftzentrifuge.
3 Welche Stoffeigenschaft nutzt man beim Extrahieren?

2 Obst- und Gemüseentsafter, geöffnet

3 Hier werden Stoffe herausgelöst, extrahiert

Stoffe und Materialien

Stoffe und Materialien

Prüfe dein Wissen

A1

Nenne Stoffe, aus denen der Rahmen, die Reifen, weitere sichtbare Teile und das Innere der Schläuche des abgebildeten Fahrrades bestehen.

A2 Wie kannst du das Volumen eines Hühnereis bestimmen? Beschreibe die Durchführung von zwei unterschiedlichen Messverfahren.

A3

A   B

a) Wie kann man ein Gemisch aus Sand, Kochsalz und Holzsägespänen mit Wasser trennen? Beschreibe und benenne die Trennverfahren, die hier angewendet werden müssen.
b) Erkläre die Vorgänge mithilfe des Teilchenmodells.

A4

Im 19. Jahrhundert suchten zuerst in Kalifornien, später in Alaska Tausende von Abenteurern nach Gold im Sand der Flüsse. Die Goldsucher verwendeten dabei große Schüsseln, in denen sie Sand vom Grund des Flusses mit Wasser in kreisende Bewegung brachten.
Du kannst diese Methode nachahmen, indem du einige Bleikörner (Chemiesammlung) mit Sand mischst und dann wie beschrieben mit Wasser behandelst.
a) Beschreibe deine Beobachtungen.
b) Erläutere das Trennverfahren. Welche Stoffeigenschaften werden hier zur Trennung angewendet?
Hinweis: Blei ist giftig und schädigt die Umwelt. Gib nach Versuchsende das Material an deinen Chemielehrer zurück, der die ordnungsgemäße Entsorgung durchführt.

A5 Ein Teebeutel mit der Bezeichnung „Malve" wird in ein Becherglas mit heißem Wasser gehängt. Nach kurzer Zeit färbt sich das Wasser rot.
Erläutere die beiden verschiedenen Trennverfahren, die hier gleichzeitig angewendet werden.
Erläutere diese Beobachtung unter Verwendung des Teilchenmodells. Nimm den Streifzug auf der Seite 29 zu Hilfe.

49

1 Luft ist lebensnotwendig

Aus dem Weltraum berichten die Astronautinnen und Astronauten immer wieder begeistert vom Anblick der Erde. Aus einigen hundert Kilometern Höhe sehen sie die Lufthülle als zartblaue Schicht über der Erdoberfläche. Diese dünne Luftschicht und die Wasservorräte der Erde ermöglichen hier alles Leben.

Menschen und Tiere können nur dort überleben, wo genügend Luft zum Atmen vorhanden ist. In einer Höhe von 7 km bis 8 km ist die Luft bereits sehr dünn. Menschen können sich dort nicht längere Zeit aufhalten.

Wenn keine Luft zum Atmen vorhanden ist, muss sie mitgenommen werden. Die Astronauten nehmen ihren Luftvorrat im Raumschiff mit. Taucher transportieren ihre Atemluft in einer Stahlflasche. Die Wasserspinne baut sich in einem Netz zwischen Wasserpflanzen eine Luftglocke aus Luftbläschen, die sie von der Wasseroberfläche holt.

Auch alle Lebewesen im Boden, von den Maulwürfen bis zu den Bakterien, aber auch Pflanzen mit ihren Wurzeln, benötigen Luft. Deshalb muss ein fruchtbarer Boden locker, luft- und wasserdurchlässig sein.

Luft und Schall

1.1 Luft hat Masse

Niemand käme wohl auf die Idee, einen Ball nur deshalb nicht ordentlich aufzupumpen, weil er dann zu schwer würde. Ob er wirklich merkbar schwerer wird, lässt sich überprüfen.

Du wägst einen schlaffen Ball, pumpst ihn danach kräftig auf und wägst ihn erneut. Es stellt sich heraus, dass er tatsächlich ein wenig schwerer geworden ist. Seine Masse hat etwas zugenommen, je nachdem wie viel Luft du zusätzlich hineingepumpt hast. Die Luft im Ball ist ein Körper mit einer bestimmten Masse. Kommt weitere Luft hinzu, wird die Masse größer, der Ball wird schwerer.

Nun wiegt die Luft im Ball nicht sehr viel. Doch welche Masse wird wohl die Luft in deinem Klassenraum haben – 100 g, 10 kg? Könntest du diese Luftmenge tragen?

Die Luft im Klassenraum kannst du nicht auf die Waage legen. Einen Teil davon kannst du aber in ein Gefäß einschließen und dessen Masse bestimmen.

Wenn du beispielsweise die Masse von 1 l Luft kennst, kannst du die Masse der Luft im Klassenraum berechnen. Ähnlich wie beim Versuch mit dem Ball wird zusätzlich Luft in eine Kugel gepumpt. Dies ist möglich, da sich die Luft ja zusammenpressen lässt. Die Kugel wird jetzt gewogen. Dann wird eine bestimmte Luftmenge durch einen Schlauch in den Messzylinder der pneumatischen Wanne abgelassen. Nun kannst du das Volumen der herausgeströmten Luft direkt ablesen. Danach wird die Kugel erneut gewogen. Der Massenunterschied, den du mit beiden Wägungen festgestellt hast, entspricht der Masse der Luft im Messzylinder. Für 1 l Luft ergibt das eine Masse von 1,3 g. Dieser Zahlenwert gilt für Luft, die wie die Luft im Klassenraum nicht zusammengepresst ist.

Nun lässt sich die Masse der Luft in deinem Klassenraum leicht berechnen:
Ein Raum mit den Maßen 7 m · 10 m · 3 m enthält 210 m³ Luft. 1 m³ (= 1000 l) Luft wiegt 1,3 kg. Die Luft in deinem Klassenraum hat also eine Masse von 273 kg.

> 1 m³ Luft hat die Masse von 1,3 kg.

1 In eine Pressluftflasche wurden 2400 l Luft hineingepumpt. Um welchen Wert nahm die Masse der Flasche zu?

2 In einem Stahlbehälter sind 13 kg Pressluft. Welches Volumen hätte die Luft, wenn sie nicht zusammengepresst wäre?

1 Mehr Luft hinein – wird der Ball schwerer?

3 Lege einen nicht vollständig aufgepumpten Ball auf eine Waage und bestimme seine Masse. Pumpe dann den Ball so weit wie möglich auf und bestimme erneut die Masse. Was stellst du fest?

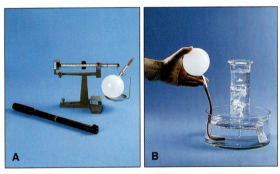

2 Die Masse von Luft wird bestimmt

4 a) Pumpe in die Kunststoff-Hohlkugel mindestens zehn Stöße Luft mit einer Luftpumpe. Bestimme die Masse der Kugel mit der zusätzlichen Luft.
b) Lass die Luft über einen Schlauch in den Messzylinder der pneumatischen Wanne strömen. Miss möglichst 500 ml Luft ab.
c) Wäge die Kugel erneut und bestimme die Masse der ausgeströmten Luft.

5 Berechne die Masse von 1 l und von 1 m³ Luft.

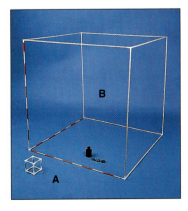

3 Luft.
A 1 dm³; B 1 m³

1.2 Die Dichte von Luft

Nicht nur für Feststoffe und Flüssigkeiten, sondern auch für gasförmige Stoffe oder Gasgemische ist die Dichte ein wichtiger Kennwert. Die Ermittlung der Dichte ist aber bei Gasen nicht ganz so einfach wie bei festen und flüssigen Stoffen. Bei letzteren genügt es, die Masse eines Kubikzentimeters des Stoffes durch Wägung zu bestimmen. Der Zahlenwert der Masse gibt dann unmittelbar die Dichte in Gramm pro Kubikzentimeter an.

Auch die Dichte von Gasen wird durch Messung von Masse und Volumen ermittelt. Beispielsweise kann man mithilfe eines Messzylinders und einer genauen Waage die Masse von Luft in einem verschließbaren Glaskolben bestimmen.

Wie du im vorhergehenden Kapitel gesehen hast, wiegt ein Liter Luft genau 1,3 Gramm. Ein Volumen von einem Liter entspricht 1000 cm³. Dies würde für Luft eine Dichte von 0,0013 Gramm pro cm³ ergeben. Da Berechnungen mit dieser Zahl recht umständlich sind, bezieht man die Dichte von Gasen auf ein Volumen von 1 Liter. Die Dichte von Luft beträgt also 1,3 Gramm pro Liter.

1 Ein Liter Luft wiegt 1,3 g

Beim Erwärmen dehnen sich Feststoffe und Flüssigkeiten etwas aus. Die Dichte dieser Stoffe wird also bei Erwärmen etwas geringer.
Entsprechend erhöht sich beim Abkühlen die Dichte der Stoffe.

Gase dehnen sich beim Erwärmen noch viel stärker aus als Feststoffe oder Flüssigkeiten. Ihre Dichte ist deshalb ganz wesentlich von der Temperatur abhängig. Der Wert von 1,3 Gramm pro Liter für die Dichte von Luft gilt also nur für eine ganz bestimmte Temperatur. Dafür hat man 20 °C festgelegt. Dies wird als „Raumtemperatur" bezeichnet.

> Die Dichte von Luft beträgt 1,3 Gramm pro Liter. Dieser Wert gilt für die Raumtemperatur von 20 °C.

1 Erläutere, weshalb die Dichte von Luft in Gramm pro Liter und nicht wie bei festen und flüssigen Körpern in Gramm pro cm³ angegeben wird.

2 Ein offener Glaskolben ist mit Luft gefüllt. Er wird auf einer sehr empfindlichen Waage gewogen. Nun wird der Kolben in den Kühlschrank gestellt, abgekühlt und erneut gewogen. Was ist festzustellen? Erläutere.

Übung: Bestimmung des Lungenvolumens

Du kannst dein Lungenvolumen annähernd genau bestimmen, wenn du tief einatmest und die Luft möglichst vollständig in das Messgefäß einer pneumatischen Wanne ausatmest.

Material: Ein 5 l-Glasgefäß mit Schraubdeckel als Messgefäß; große Plastikschüssel; Schlauch; Messbecher; Filzstift oder Klebeband

Durchführung: Stelle das Messgefäß auf eine waagerechte Fläche und fülle es in Halbliter-Portionen mit Wasser. Markiere dabei jeweils den Wasserstand, damit eine Skala entsteht. Fülle das Gefäß zum Schluss randvoll und verschließe es mit dem Deckel. Stelle es dann umgekehrt in die zur Hälfte mit Wasser gefüllte Wanne und entferne den Deckel unter Wasser.

Atme dann tief ein und blase so viel Ausatmungsluft wie möglich durch den Schlauch in das Messgefäß.

Aufgaben: a) Bestimme das Volumen der ausgeatmeten Luft mithilfe der Markierungen.
b) Wie viel Liter Luft kann deine Lunge fassen, wenn nach vollständigem Ausatmen noch 1,5 l Restluft in der Lunge bleiben?
c) Bestimme das Volumen der ausgeatmeten Luft bei normaler Atmung und vergleiche es mit dem Ergebnis des ersten Versuchs.

Luft und Schall

1.3 Luft besteht aus verschiedenen Gasen

Stickstoff

– Der Hauptanteil der Luft ist Stickstoff.
– Stickstoff ist ein farb- und geruchloses Gas.
– In reinem Stickstoff würden Lebewesen ersticken.
– Obst, Gemüse und andere Lebensmittel werden in Stickstoff gelagert. Sie verderben dadurch nicht so schnell wie in Luft.
– In Stickstoff kann auch nichts verbrennen. Eine Kerzenflamme erstickt darin.

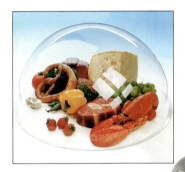

Sauerstoff

– Sauerstoff ist für Menschen und Tiere der wichtigste Bestandteil der Luft. Sie brauchen ihn zum Atmen. Ohne Sauerstoff gäbe es kein Leben auf der Erde.
– Sauerstoff ist ein farb- und geruchloses Gas.
– Ohne Sauerstoff ist keine Verbrennung möglich.

Edelgase

– Edelgase sind Argon, Helium, Krypton, Neon, Radon, Xenon.
– Sie sind farb- und geruchlos.
– Helium ist leichter als Luft und wird als Füllgas für Ballons und Luftschiffe verwendet.
– Argon und Krypton werden in Glühlampen eingesetzt.
– In Leuchtstoffröhren ergeben Argon, Krypton und Neon farbiges Licht.

Zusammensetzung der Luft

1 l (= 1000 ml) Luft enthält:
781,0 ml Stickstoff
209,3 ml Sauerstoff
  9,3 ml Edelgase
  0,3 ml Kohlenstoffdioxid
  0,1 ml sonstige Gase

> Luft ist ein Gemisch aus verschiedenen Gasen. Die Hauptbestandteile sind Stickstoff und Sauerstoff.

1 Nenne die Eigenschaften der Hauptbestandteile der Luft.
2 Nenne Beispiele für die Verwendung von Edelgasen.
3 Erkläre, warum in vielen Lebensmittelverpackungen die Luft durch Stickstoff ersetzt wurde.

Luft und Schall

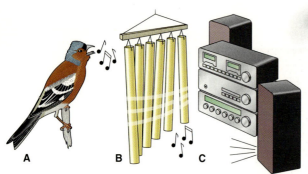

1 Schallquellen erzeugen **A** einen Ton, **B** einen Klang

C ein Geräusch, **D** einen Knall

2 Schall

2.1 Vom Ton zum Knall

Ein singender Vogel erzeugt in seiner Kehle einen **Ton.** Ein Ton bleibt so lange erhalten, wie er erzeugt wird. Ein Windspiel erzeugt bei Wind mehrere Töne, die wir alle gleichzeitig hören. Diese Überlagerung von Tönen ist ein **Klang.** Dagegen ist das Rauschen eines Senders im Radio ein **Geräusch.** Beim Hören eines Geräusches lassen sich keine einzelnen Töne ausmachen. Wenn ein prall aufgeblasener Luftballon platzt, entsteht ein **Knall.** Ein Knall ist kurz und heftig.

Die Gitarrensaite ergibt einen Ton, wenn sie angezupft wird. Sie schwingt hin und her (Abbildung 2). Ein eingespanntes Lineal *schwingt* auf und ab, wenn du sein Ende kurz nach unten drückst. Du siehst das Schwingen und hörst einen Ton. Eine Stimmgabel und die Stäbe eines Windspiels schwingen, wenn du sie anschlägst. Dann hörst du den Schall. Du kannst das Schwingen sehen, wenn du die Stimmgabel in Wasser tauchst. Wenn du auf einem hohlen Schlüssel pfeifst, bringst du die Luft im Rohr zum Schwingen. Auch das Fell einer Trommel schwingt, wenn sie angeschlagen wird (Abbildung 3).

> Schall ist hörbar als Ton, Klang, Geräusch oder Knall. Schall entsteht, wenn Saiten, Stäbe, Luftsäulen oder Flächen schwingen.

1 Zähle Schallquellen auf und ordne sie nach der Art des Schalls. Erkläre, wie der Schall jeweils entsteht.
2 Welche Schallart entsteht, wenn eine Musikband spielt? Begründe deine Antwort.
3 Schreibe je ein weiteres Beispiel für Schallquellen auf, die zu den Abbildungen 1 A bis D passen.
4 Spanne einen 30 cm langen Draht an beiden Enden fest ein und zupfe daran. Beschreibe, was du siehst und was du hörst.
5 Spanne ein langes Lineal an einem Ende fest an einer Tischkante ein, sodass es frei im Raum hängt. Drücke sein freies Ende kurz nach unten. Beschreibe, was du siehst und was du hörst.
6 Schlage eine Stimmgabel an und halte ihre Zinken in Wasser. Beschreibe deine Beobachtung und begründe sie.
7 Bestreue die Fläche einer Trommel wie in Abbildung 3 mit Schaumstoffkügelchen. Schlage auf das Trommelfell. Beschreibe, was du siehst und hörst.
8 Alle Geräte in den Aufgaben 4 bis 7 sind Schallquellen. Was ist ihnen allen gemeinsam?

2 Die Saite schwingt und tönt

3 Eine Trommel ist eine Schallquelle

Luft und Schall

Schall kann krank machen

Unsere Ohren nehmen den ankommenden Schall auf und geben ihn in Form elektrischer Ströme an unser Gehirn weiter. Dort werden sie verarbeitet. Das eigentliche Hören findet also im Gehirn statt.
Das Hören ist einer unserer fünf Sinne. Es ist eine Hilfe, um uns mit Anderen zu verständigen. Damit ist die Schallwirkung aber nicht erschöpft. Schall kann viel mehr.

Schall kann schaden und zerstören

Viele Jugendliche stellen ihren Walkman oder Discman so laut ein, dass trotz Kopfhörer andere die Musik mithören können. Solche „Lauthörer" werden nicht sehr lange Freude an der Musik ihrer Lieblingsband haben. Nach einer gewissen Zeit muss der „Lauthörer" die Lautstärke immer höher einstellen. Was ist passiert?
Das Gehör leidet unter zu großer Lautstärke. Die Gehörknöchelchen Hammer, Amboss und Steigbügel geben den Schall nur noch schlecht vom Trommelfell an das Innenohr weiter.
Viel schlimmer aber ist, dass sich die feinen Härchen in der Gehörschnecke versteifen und plötzlich abknicken (Abbildung 5). Dieser Schaden lässt sich nicht mehr beheben. Der Mensch wird schwerhörig und muss ein Hörgerät tragen. So haben in Deutschland bereits 30 % aller Jugendlichen bis zum Alter von 20 Jahren erste Hörprobleme.

Streifzug durch die Medizin

Musik kann auch wie eine Droge wirken. Das kannst du in Diskotheken oder bei einem Livekonzert oft beobachten. Dann sind die Zuhörer so sehr von der Musik eingenommen, dass sie um sich herum nichts anderes mehr wahrnehmen.

Schall kann beruhigen und erfreuen

In vielen Zahnarztpraxen wird leise Musik gespielt, damit du dich entspannen kannst. Du empfindest bei der Behandlung weniger Schmerzen oder Unwohlsein. Die Musik wirkt unbewusst auf dich.
Oft wird auch bei Operationen in Krankenhäusern Musik gespielt. Hierbei dient die Musik der Beruhigung und Entspannung des Patienten.

Du hast sicher schon oft das Radio eingeschaltet oder eine CD eingelegt, wenn du etwas Schönes hören wolltest. Du machst dir also mit der Musik eine Freude. Für viele ist es ein Genuss, dem Konzert einer Band zu lauschen oder in einer Diskothek nach Musik zu tanzen. Aber auch ein Instrument zu spielen, macht viel Spaß. Du kannst auch eine Band gründen. Dann habt nicht nur ihr selbst die Freude, sondern begeistert auch eure Zuhörer.

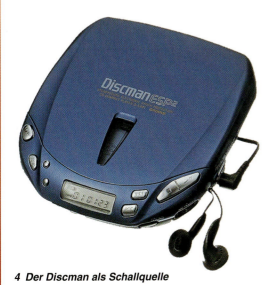

4 Der Discman als Schallquelle

5 Die Härchen im Innenohr sind gefährdet

Luft und Schall

2.2 Schallausbreitung in Luft

Eine eingeschaltete elektrische Klingel ist im Klassenraum laut und deutlich zu hören. Du hörst sie auch dann noch gut, wenn sie in einem geschlossenen Glasgefäß hängt. Wenn du aber aus diesem Glasgefäß die Luft herauspumpst, wird die Klingel immer leiser. Schließlich hörst du sie gar nicht mehr, obwohl du siehst, dass sie immer noch klingelt.

Zum Hören der Klingel ist offensichtlich Luft nötig. Die Schallschwingungen können sich nur in einem Stoff, dem **Schallleiter**, ausbreiten. Für uns ist Luft der wichtigste Schallleiter. Da das Glasgefäß in Abbildung 1 nach dem Auspumpen keine Luft mehr enthält, kannst du die Klingel nicht mehr hören.

Ein Blitz entsteht durch eine elektrische Entladung, bei der die Luft so stark erhitzt wird, dass sie hell aufleuchtet. Dabei dehnt sich die Luft im Blitzkanal explosionsartig aus. Der Donner entsteht, wenn die Luft in den nahezu luftleeren Kanal zurückfließt. Wenn zwischen Blitz und Donner drei Sekunden vergehen, ist das Gewitter noch etwa einen Kilometer von dir entfernt. Der Schall legt in einer Sekunde 340 m zurück. Dieser Wert heißt Schallgeschwindigkeit. Du hast erst den Blitz gesehen und dann den Donner gehört. Die Schallgeschwindigkeit ist also sehr viel kleiner als die Geschwindigkeit des Lichtes.

Aus dem Wert für die Schallgeschwindigkeit kannst du ausrechnen, dass ein Gewitter 1020 m entfernt ist, wenn zwischen Blitz und Donner drei Sekunden vergehen.

| Luft ist unser wichtigster Schallleiter. |

1 Erläutere, weshalb die Klingel in dem in Abbildung 1 dargestellten Versuch immer leiser wird.

2 Auf dem Mond können sich Astronauten nur mithilfe eines Mikrofons unterhalten, in einer Raumstation kann die Besatzung normal reden. Erläutere.

3 Hänge eine elektrische Klingel in ein Glasgefäß, schalte sie an und pumpe die Luft aus dem Gefäß heraus bis das Geräusch nicht mehr zu hören ist. Lass langsam wieder Luft einströmen. Was passiert dabei?

4 Bestimme mit einer zweiten Person die Schallgeschwindigkeit wie in Abbildung 2. Lege eine Strecke von 100 m fest. Drücke auf die Stoppuhr, wenn du siehst, dass die Klappe zugeschlagen wird. Stoppe die Uhr, sobald du den Knall hörst. Rechne dann aus, wie weit der Schall in einer Sekunde gekommen wäre.

1 Aus einem Glasgefäß wird Luft herausgepumpt

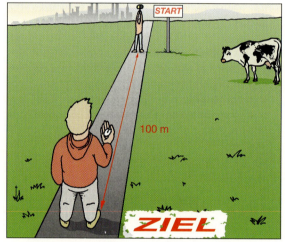

2 So wird die Schallgeschwindigkeit bestimmt

Schall ist Luftverdichtung und Luftverdünnung

Schall breitet sich in Luft aus. Was geschieht dabei?
Wenn du auf ein Tamburin schlägst, wölbt sich seine Fläche ein wenig. Dabei verdrängt sie die anliegenden Luftteilchen. Diese schieben sich zwischen die davor liegenden Luftteilchen, es entsteht eine **Luftverdichtung**.
Danach schwingt die Tamburinfläche in die andere Richtung. An dieser Stelle sind jetzt weniger Luftteilchen, es herrscht eine **Luftverdünnung**. Die Tamburinfläche wölbt sich in die ursprüngliche Richtung, es gibt wieder eine Luftverdichtung. Luftverdünnung und Luftverdichtung wandern von der Schallquelle in den Raum. Schallausbreitung in Luft ist also eine Aufeinanderfolge von Luftverdichtungen und Luftverdünnungen.

2.3 Wasser und feste Stoffe leiten Schall

Wale und Delfine können sich im Wasser gut verständigen. Forscher haben festgestellt, dass ihre Töne im Meer über Hunderte von Kilometern zu hören sind. Wasser muss den Schall also besonders gut leiten.
Nicht nur Wasser ist ein guter Schallleiter. Auch das Holz einer Tischplatte oder eine Glasscheibe geben den Schall weiter. In Jugendherbergen ist es ein beliebtes Spiel, an die Heizungsrohre zu klopfen und sich mit den Bewohnern in Nachbarzimmern zu verständigen. Indianer haben ihr Ohr auf den Boden gedrückt, um das Herannahen einer Büffelherde hören zu können.
Die Schallgeschwindigkeit ist in verschiedenen Stoffen unterschiedlich. Das kannst du aus Tabelle 2 entnehmen.

Man kann die Ausbreitung von Schall auch behindern. Dazu braucht man feste Stoffe, die viel Luft in sich haben wie Gardinen oder Teppiche. Auch Schaumstoffe schlucken Schall oder leiten ihn sehr schlecht. Das wird bei der **Schalldämmung** ausgenutzt. Um den Trittschall zu dämmen, werden in Wohnhäusern beim Bauen unter die Fußböden Schall schluckende Matten gelegt. In Schlössern hängen oft Teppiche an den Wänden. Dadurch wird auch hier unerwünschter Schall verschluckt.

> Flüssigkeiten und harte, feste Stoffe sind gute Schallleiter. Weiche und poröse Stoffe dämmen den Schall.

1 Können Schwimmer in einem Fluss herannahende Schiffe besser über oder unter Wasser hören? Begründe deine Antwort.
2 Rundfunkstudios haben Schall schluckende Wände. Wie würdest du diese Wände bauen?
3 Leere Wohnungen haben einen besonderen Klang. Wie kommt das?

4 Stelle einen lauten Wecker in einem Glasgefäß in eine mit Wasser gefüllte Glaswanne. Presse dein Ohr von außen an eine Wand der Wanne. Beschreibe die Geräusche, die du hörst.
5 Stelle einen lauten Wecker auf eine Tischplatte und presse dein Ohr auf den Tisch. Was hörst du?

1 Guter Schallleiter und Schalldämmung

6 Lege unter den Wecker aus Aufgabe 5 Platten aus verschiedenen Stoffen wie Gummi oder Schaumstoff. Bei welchem Stoff hörst du den Wecker gut, bei welchem nicht gut oder gar nicht?

Stoff	in 1 Sekunde zurückgelegter Weg
Luft	340 m
Wasser	1480 m
Stahl	5100 m
Glas	5300 m
Holz	5500 m

2 Schallgeschwindigkeit in verschiedenen Stoffen

7 In welchem Stoff ist der Schall am schnellsten?
8 Beschreibe, wie in Wohnhäusern Trittschall vermieden werden kann.

3 Wale und Delfine hören kilometerweit

2.4 Schall trifft auf Körper

Schall breitet sich aus, bis er auf ein Hindernis trifft. Dann wird er aus seiner Richtung abgelenkt (Abbildung 1). Er wird von dem Hindernis im gleichen Winkel zurückgeworfen, unter dem er auf die Fläche aufgetroffen ist. Für Schall wirkt eine Hauswand oder auch eine Felswand wie ein Spiegel für Licht.

Trifft Schall senkrecht auf eine Wand, wird er in der gleichen Richtung zurückgeworfen – reflektiert. So entsteht ein **Echo**. Du hörst es, wenn der reflektierte Schall erst dann an dein Ohr kommt, wenn du mit dem Rufen fertig bist. Wenn du zum Beispiel eine Sekunde brauchst, um das Wort OTTO zu rufen, musst du mindestens 170 m von der Wand entfernt sein.

Wenn du OTTO aber unter einer Brücke oder in einem leeren Zimmer rufst, dann hörst du das Wort gleichzeitig mehrere Male, weil der Schall von den Wänden und der Decke reflektiert wird. Der Weg des Schalls ist dann so kurz, dass kein Echo entstehen kann. Der mehrfach reflektierte Schall ist zu schnell an deinem Ohr, du hörst ihn als **Nachhall**.

Der Nachhall lässt sich vermeiden, wenn Decken und Wände mit Material ausgekleidet sind, das den Schall verschluckt. In einem solchen *schalltoten Raum* werden Musikaufnahmen produziert. Beim Sprechen muss aber ein Teil des Schalls reflektiert werden, sonst klingt deine Stimme sehr unnatürlich.

> Schall wird von Hindernissen reflektiert. Durch Reflexion an Wänden entstehen Echo oder Nachhall.

1 Wieso musst du, um ein Echo hören zu können, senkrecht auf eine Felswand rufen?

2 Welche Aufgabe hat der Schalldeckel über der Kanzel in einer großen Kirche?

1 Schall geht um die Ecke

3 Baue folgenden Versuch auf.
In einem Becherglas (500 ml) steht ein lauter Wecker. Ein Spiegel wird am Rand des Glases gehalten, sodass ein Teil der Spiegelfläche in das Becherglas zeigt und der andere Teil über den Glasrand hinausragt. Der Schall wird am Spiegel reflektiert. Probiere aus, wo du den Schall am besten hören kannst. Verändere den Winkel des Spiegels. Welches Gesetz für die Ablenkung des Schalls erkennst du?

4 Benutze anstelle des Spiegels in Aufgabe 3 nacheinander Pappe, Papier, Filz. Bei welchem Material ist die Reflexion am besten? Vergleiche die Oberflächen der Materialien.

5 Stelle dich vor eine Hauswand und rufe ein Wort. Ändere deinen Abstand, bis du das Echo hörst. Warum hörst du bei kurzer Entfernung von der Wand kein Echo?

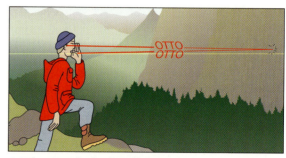

2 Echo entsteht durch Reflexion

6 Überlege, warum du kein Echo von einem 10 km entfernten Berg hören kannst.

7 Rufe laut ein Wort in einem leeren Zimmer oder unter einer Brücke. Beschreibe und erkläre, was du hörst.

3 Eine zu frühe Reflexion

8 Überlege, warum in einem Klassenraum kein Nachhall auftritt, auch wenn du nur alleine darin bist.

Luft und Schall

Prüfe dein Wissen

Flugzeuge fliegen oft in einer Höhe von 11 000 m. Dort ist die Luft so dünn, dass Menschen nicht genügend Luft atmen können. Erläutere, warum dies nicht für die Menschen in den Flugzeugen gilt.

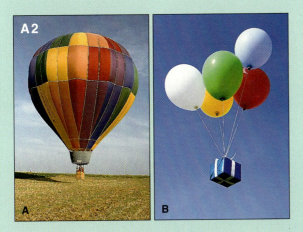

Das Aufsteigen eines Heißluftballons (Abbildung A) und eines Kinderluftballons (Abbildung B) beruhen auf unterschiedlichen physikalischen Prinzipien.
a) Erläutere das physikalische Prinzip, nach dem der Heißluftballon aufsteigen und seine Fahrt aufnehmen kann.
b) Berechne die Masse der Luft in einem Heißluftballon, der vor dem Start mit 2650 m^3 kalter Luft gefüllt wird.
c) Wie kann der Heißluftballon wieder zum Sinken gebracht werden? Erläutere zwei Möglichkeiten.
d) Erläutere das physikalische Prinzip, nach dem der Kinderluftballon aufsteigt.

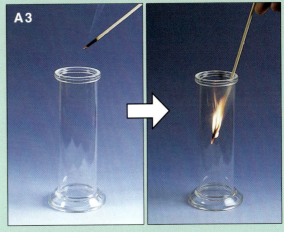

a) In dem abgebildeten Versuch wurde der Glaszylinder nicht mit Luft, sondern nur mit einem bestimmten Bestandteil der Luft gefüllt. Nenne diesen Bestandteil und erläutere die Beobachtung.
b) Nenne auch andere Bestandteile der Luft. Wie würde der Versuch ablaufen, wenn der Zylinder nur mit dem jeweiligen Bestandteil der Luft gefüllt wäre?

A 4 Warum ist vorgeschrieben, dass bei Feueralarm in der Schule alle Türen und Fenster nach dem Verlassen der Räume geschlossen sein müssen?

A 5 Erzeuge nach der Vorschrift auf Seite 62 einige Seifenblasen. Überlege, weshalb die Seifenblasen anfangs in die Höhe steigen, danach aber zu Boden sinken. Beziehe in deine Überlegung auch einen Vergleich der Temperatur der ausgeatmeten Luft und der umgebenden Luft mit ein.

A 6 Ärzte warnen davor, dass ein häufiges zu lautes Einstellen des Walkmans zu Hörschäden führt. Begründe diese Warnung.

A 7 Die Schallgeschwindigkeit ist in Feststoffen (z. B. Glas 5300 m/s) wesentlich höher als in Flüssigkeiten (z. B. Wasser 1480 m/s) oder Luft (340 m/s).
Erläutere diesen Sachverhalt unter Verwendung des Teilchenmodells.

Licht

1 Lichtquellen

Die meisten Tiere und auch der Mensch orientieren sich mithilfe der Augen. Diese Sinnesorgane können Lichtreize aufnehmen, die entweder von Lichtquellen ausgesendet werden oder von Gegenständen in der Umgebung zurückgestrahlt werden. Das Licht hat jedoch auf der Erde eine noch viel wichtigere Aufgabe. Es ermöglicht das Leben der grünen Pflanzen und ist damit die Grundlage des gesamten Lebens auf der Erde.

Licht

1 Lichtquellen

1.1 Natürliche und künstliche Lichtquellen

Die Sonne, die Sterne und ein Blitz leuchten von alleine. Sie senden Licht ohne Zutun von Menschen aus. Es sind **natürliche Lichtquellen**.

Lichtquellen, die von Menschen erfunden wurden, um die Umgebung zu beleuchten, heißen **künstliche Lichtquellen**. Lange bevor es die Glühlampe gab, haben die Menschen mithilfe von Feuer Licht erzeugt. Natürliche und künstliche Lichtquellen kannst du sehen, weil sie Licht aussenden. Es sind **selbstleuchtende Körper**. Auch dein Buch, deinen Bleistift oder deinen Schal kannst du sehen, obwohl diese Gegenstände keine Lichtquellen sind. Sie müssen von einer Lichtquelle angestrahlt werden, um sichtbar zu werden. Solche Gegenstände heißen **fremdleuchtende Körper**. Zu den fremdleuchtenden Körpern gehört auch der Mond. Er wird von der Sonne angestrahlt und ist deshalb sichtbar.

> Lichtquellen senden Licht aus. Natürliche Lichtquellen tun dies ohne Zutun der Menschen. Künstliche Lichtquellen sind Leuchtmittel, die von Menschen hergestellt wurden. Es gibt selbstleuchtende und fremdleuchtende Körper.

1 Welche Möglichkeiten der Beleuchtung gab es früher, welche gibt es heute?

2 a) In Abbildung 1 sind verschiedene Lichtquellen zu sehen. Notiere ihre Namen und ergänze weitere.
b) In Abbildung 2 sind selbstleuchtende und fremdleuchtende Körper zu sehen. Nenne weitere Beispiele!

3 Beschreibe die Unterschiede zwischen
a) natürlichen und künstlichen Lichtquellen,
b) selbstleuchtenden und fremdleuchtenden Körpern.

3 Tiefseefisch

4 Überlege, welche Bedeutung an bestimmten Körperstellen leuchtende Punkte für die Tiefseefische haben könnten.

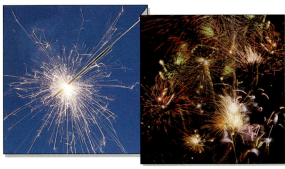

2 Selbstleuchtende und fremdleuchtende Körper

Licht

1 Es hat gerade aufgehört zu regnen und die Sonne bricht wieder durch die Wolken. Jetzt erscheinen die Farben eines Regenbogens. Wie musst du zur Sonne stehen, damit du den Regenbogen sehen kannst?

2 Stelle verschiedene geschliffene Glasfiguren in das Sonnenlicht. Beschreibe deine Beobachtungen.

3 Lehrerversuch: Mit einem ausgeglühten Magnesiastäbchen werden nacheinander einige angefeuchtete Kristalle der Salze Lithiumchlorid, Natriumchlorid, Kaliumchlorid und Calciumchlorid in die rauschende Brennerflamme gehalten (Abbildung 1). Notiere deine Beobachtungen.

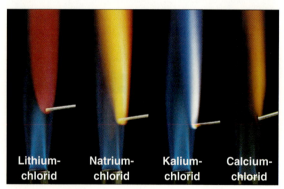

1 Flammenfärbung durch verschiedene Stoffe

4 Rühre zunächst nach dem folgenden Rezept eine Seifenlösung an. Tauche dann einen kleinen Plastikring ein, ziehe ihn langsam wieder heraus und puste vorsichtig dagegen. Beobachte die Oberfläche der Seifenblasen.

Rezept für Seifenblasen
60 ml konzentrierte Seifenlösung
150 ml destilliertes Wasser
40 ml Glycerin

1.2 Farbiges Licht

Manchmal kannst du Farben beobachten, die direkt aus dem Sonnenlicht entstehen. Du entdeckst die Farben des Regenbogens aber auch zum Beispiel bei einem Springbrunnen, bei einer geschliffenen Kristallfigur oder besonders schön bei einem geschliffenen Diamanten. Auch auf einer mit Benzin und Öl verschmutzten Wasserpfütze funkeln viele Farben. Auf einer Seifenblase verändern sich die Farben ständig.
So entsteht ein Regenbogen dadurch, dass Sonnenlicht auf Wassertröpfchen trifft, die nach einem Regen noch in der Luft schweben.

Beim Sonnenaufgang oder Sonnenuntergang siehst du die Sonne und die Wolken, die von ihr beschienen werden, oft rot bis violett. Tagsüber erscheint uns das Licht der Sonne weiß. Die Sterne am nächtlichen Himmel senden ebenfalls weißes Licht aus. Auch die Glühlampen, die du zur Beleuchtung verwendest, spenden weißes Licht.

Dagegen ist das Licht des Lagerfeuers gelb. Auch das Licht einer Kerzenflamme und die Flamme der Petroleumlampe erscheinen leuchtend gelb. Spiritus dagegen verbrennt mit einer kaum sichtbaren, bläulichen Flamme. Manche Kunststoffe oder Metalle färben eine Flamme kurzzeitig grün oder blau. Die Farbe der Flamme hängt also davon ab, was verbrennt. Lichtquellen, deren Licht durch Verbrennen eines Stoffes entsteht, heißen **chemische Lichtquellen**.

Licht

1.3 Ein Prisma erzeugt Farben

Hinter geschliffenen Glasfiguren siehst du oft farbiges Licht. Wie die Farben zustande kommen, lässt sich mit einem **Prisma** untersuchen. Das ist ein Glaskörper mit einer dreieckigen Grundfläche und ebenen Seitenflächen. Ein Lichtstrahl, der auf eine Seitenfläche gerichtet wird, setzt seinen Weg nicht in gerader Linie fort, sondern wird seitlich abgelenkt. Dies nennt man **Lichtbrechung.**

Wenn weißes Licht auf eine Seitenfläche des Prismas fällt, wird es in farbiges Licht zerlegt. Hinter dem Prisma lässt sich das farbige Licht als Farbband auffangen. Dieses Farbband heißt **Spektrum.** Es besteht aus den Farben *Rot, Orange, Gelb, Grün, Blau* und *Violett*. Dies sind die Spektralfarben. Führt man die Spektralfarben wieder zusammen, entsteht wieder weißes Licht. Weißes Licht ist also aus den Spektralfarben zusammengesetzt.

Der Regenbogen

Du kennst die Spektralfarben auch als Regenbogen-Farben. Ein Regenbogen kommt zustande, wenn es vor dir regnet und hinter dir die Sonne scheint. Das Sonnenlicht wird von jedem Regentropfen wie von einem Prisma gebrochen und in farbiges Licht zerlegt. Die Tropfen reflektieren das farbige Licht im Inneren zweimal und lenken es so in deine Richtung.

Neben dem Rot und dem Violett eines Spektrums gibt es noch Licht, das wir nicht sehen können. Es liegt außerhalb des Farbbandes. Das unsichtbare Licht neben dem Rot heißt **Infrarot (IR),** das neben dem Violett heißt **Ultraviolett (UV).** Das Infrarotlicht ist nichts anderes als Wärmestrahlung. Sie lässt sich mit einem Thermometer nachweisen. Das ultraviolette Licht lässt im Dunkeln zum Beispiel einen Zinksulfidschirm aufleuchten.

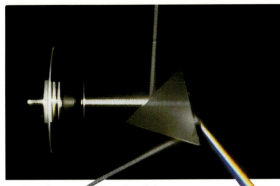

1 Ein Prisma verändert das Licht

1 Das Prisma in Abbildung 1 wurde mit weißem Licht angestrahlt. Wie könnten die Farben entstanden sein?
2 Wo hast du ähnliche farbige Lichter wie in Abbildung 1 schon gesehen?

2 Ein Prisma wird mit weißem Licht beleuchtet

3 Baue den Versuch nach Abbildung 2 auf. Verschiebe den Schirm, bis du Licht auffangen kannst. Betrachte das Farbband und nenne die Farben.
4 Vergleiche die farbigen Lichter aus dem Versuch in Aufgabe 3 mit einem Regenbogen. Berichte.
5 Wiederhole den Versuch in Aufgabe 3. Lass das Licht im Dunkeln hinter dem Prisma auf einen Zinksulfidschirm fallen. Schalte die Lampe aus und betrachte den Schirm. Was stellst du fest?
6 Wiederhole den Versuch in Aufgabe 3. Halte neben das Rot des Farbbandes außerhalb des Spektrums ein rußgeschwärztes empfindliches Thermometer. Was stellst du nach einigen Minuten fest? Was schließt du daraus?

> Weißes Licht wird durch ein Prisma in die Spektralfarben Rot, Orange, Gelb, Grün, Blau, Violett zerlegt. Außerhalb des Spektrums liegen die für uns unsichtbaren Farben Infrarot und Ultraviolett.

3 Das Spektrum

Licht

1.4 Was geschieht in Lichtquellen?

Eine Lampe kann nur dann Licht aussenden, wenn ihr irgendetwas aus der Batterie zugeführt wird. Dieses „Etwas" wird **Energie** genannt. Die Glühlampe wandelt **elektrische Energie** in Licht um. Sie ist ein **Energiewandler.** Wenn du schon einmal eine leuchtende Lampe berührt hast, weißt du, dass beim Vorgang der Energieumwandlung auch Wärme frei wird. Jetzt wird dir klar, woher der Name Glühlampe kommt.

Wie erzeugt eine Kerze Licht? Kerzen bestehen aus Bienenwachs, Paraffin oder Stearin. Durch das brennende Streichholz wird das Stearin flüssig, steigt im Docht auf und verdampft. Dabei verbrennt der Stearindampf und es entstehen Licht und Wärme. Das Stearin führt der Flamme auch ein „Etwas" zu, das in Licht und Wärme umgewandelt wird. Dieses „Etwas" ist die **chemische Energie,** die im Stearin steckt. Die Kerze ist ein *Energiewandler*, der die chemische Energie des Stearins in Licht und Wärme umwandelt. Dabei entsteht die leuchtende Kerzenflamme.

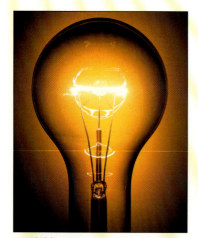

1 Glühlampe

Das Leben auf der Erde ist von der Sonne abhängig. Sie ist die wichtigste Lichtquelle. Welches „Etwas" wird von ihr in Licht umgewandelt?
In der Sonne läuft ein Vorgang ab, bei dem kleinste Teilchen, die *Atome*, miteinander verschmolzen werden. Die Energie, die dabei frei wird, heißt **atomare Energie.** In der Sonne wird diese Energie in Licht und Wärme umgewandelt.

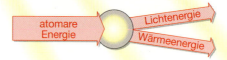

Elektrische, chemische und atomare Energie sowie Licht und Wärme sind verschiedene **Energieformen.**

> Lichtquellen wandeln elektrische, chemische und atomare Energie in Licht um. Dabei entsteht zusätzlich Wärme.

2 Kerze

1 a) Entzünde ein Gasfeuerzeug. Beobachte.
b) In welcher Form ist die Energie vor dem Zünden im Feuerzeug gespeichert? In welche Form wird sie danach umgewandelt?

2 Nenne Energiewandler, die elektrische Energie in Licht umwandeln.
3 Welche Energie wird von einer Öllampe in Licht umgewandelt?
4 Überlege, was geschehen würde, wenn in der Sonne keine atomare Energie mehr vorhanden wäre.
5 Erkläre den Begriff Glühlampe. Nenne dabei alle Energieformen, die bei der Lampe eine Rolle spielen.

1.5 Absorption von Licht

Die Sonne scheint. Du hast ein dunkles T-Shirt an und dir wird warm. Deiner Freundin, die ein helles T-Shirt trägt, ist es nicht so warm. Der Unterschied liegt darin, dass sich das weiße T-Shirt dem Licht gegenüber anders verhält als das schwarze.

Schwarze Gegenstände nehmen das Licht auf und „schlucken" es. Sie **absorbieren** das Licht. Je dunkler ein Gegenstand ist, desto mehr Licht nimmt er auf. Das Licht wird durch einen dunklen Gegenstand in Wärme umgewandelt. Deshalb ist es dir in einem dunklen T-Shirt sehr warm.

Weiße Gegenstände werfen das Licht zurück. Je heller ein T-Shirt ist, desto weniger erwärmt es sich.

Die Absorption von Sonnenlicht kann auch oft technisch genutzt werden. So werden manche Felder im Frühjahr mit schwarzer Folie abgedeckt, damit sich der Erdboden darunter auch bei geringer Sonneneinstrahlung erwärmt und die Pflanzen früher keimen.
Die schwarzen Rohre in Sonnenkollektoren, die auf Hausdächern zur Warmwasserbereitung installiert sind, nehmen viel Energie der Sonne auf und geben sie an das Wasser in den Kollektoren ab.

Doch nicht immer ist die Wärme erwünscht. Ein Wohnwagen, den man im Sommer nutzen will, sollte sich möglichst nicht aufheizen. Deshalb ist er außen weiß. In Zelten bleibt es kühler, wenn sie von außen silbrig sind. In warmen Ländern sind viele Häuser weiß gestrichen. Sie absorbieren das Sonnenlicht nicht und bleiben auch bei starker Sonneneinstrahlung innen angenehm kühl.
Bei uns in Deutschland sind Hausdächer meistens mit dunklen Dachpfannen gedeckt. Deshalb erwärmen sich Dachböden an sonnigen Tagen.
Liegt im Winter Schnee, beginnt bei Sonnenschein die Schneeschmelze zuerst an den dunklen Stellen, an denen Steine oder der Erdboden aus der weißen Fläche herausschauen.

> Schwarze und dunkle Gegenstände nehmen das Licht auf und werden warm. Dieser Vorgang heißt Absorption. Die Umwandlung von Lichtenergie in Wärme wird von Menschen vielfach genutzt.

1 Warum wird das Lenkrad in einem Auto bei Sonnenschein heiß?
2 Welche Dinge des täglichen Lebens sollten besser in hellen Farben hergestellt werden, damit sie sich nicht in der Sonne aufheizen?

1 Licht fällt auf einen schwarzen und einen weißen Karton

3 Lege in einen Schuhkarton ein Thermometer und lies die Temperatur ab. Decke den Karton mit schwarzer Pappe ab und bestrahle ihn fünf Minuten mit einer starken Lampe aus geringer Entfernung (Abbildung 1).
Welche Temperatur zeigt das Thermometer jetzt? Vergleiche.
4 Decke einen zweiten Karton mit weißer Pappe ab und wiederhole den Versuch in Aufgabe 1. Vergleiche die Ergebnisse von Aufgabe 1 und Aufgabe 2.
5 Was kannst du über die Innentemperatur eines weißen und eines schwarzen Autos sagen, wenn die Sonne darauf scheint?

2 Im sonnigen Süden werden die Häuser weiß gestrichen

Licht

1 Schattenbilder

2 Licht trifft auf Körper

2.1 Licht und Schatten

Ihr kennt das beliebte Spiel mit Licht: Auf der Wand versucht der Hund einen Hasen zu fangen. Die Bilder der Tiere entstehen als **Schatten.** Die Finger werden von einer Lampe beleuchtet. Durch eine bestimmte Haltung der Finger sehen deren Schatten wie Hund und Hase aus.

Die Hände des Schattenspielers befinden sich zwischen der Lichtquelle und der Wand. Sie lassen das Licht nicht hindurch.

1 Wie entstehen die Tierbilder in Abbildung 1?
2 a) Stelle wie in Abbildung 2 einen Holzklotz zwischen eine Kerze und einen Schirm. Wie kommt der Schatten auf dem Tisch und auf dem Schirm zustande?
b) Beschreibe die beiden Schatten.

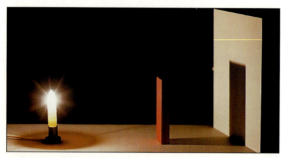

2 Schatten hinter einem Hindernis

Schatten entstehen also, wenn Licht auf einen lichtundurchlässigen Gegenstand fällt. Schatten liegen, von der Lichtquelle aus betrachtet, immer hinter dem Gegenstand. Abbildung 2 zeigt hinter dem Holzklotz auf dem Tisch und auf dem Auffangschirm das *Schattenbild* des Klotzes. Es ist als dunkle Fläche zu erkennen.

Mit einem Stück Papier zwischen Klotz und Schirm kannst du zeigen, dass in den gesamten Raum zwischen Klotz und Schirm kein Licht gelangt. Der Klotz erzeugt hinter sich einen **Schattenraum.**
Schatten und Schattenraum sind aber nur zu erkennen, wenn die Umgebung außerhalb des Schattens oder des Schattenraumes von einer Lampe beleuchtet wird. Schatten ist also nur auf beleuchteten Flächen zu sehen.

3 a) Halte ein Blatt Papier in den Raum zwischen Holzklotz und Schirm. Bewege es hin und her, auch auf und ab. Beschreibe, wo Schatten ist und wo Licht ist.
b) Erkläre die Bezeichnung Schattenraum.
4 Verändere den Abstand zwischen Holzklotz und Lampe. Beschreibe wie sich der Schatten verändert.
5 Schiebe den Schirm hinter dem Holzklotz hin und her. Beschreibe wie sich der Schatten verändert.

Die Form des Schattenraumes und die Umrisse des Schattens hängen von der Form des Hindernisses ab. Weil sich das Licht von der Lichtquelle aus geradlinig ausbreitet, sind die Begrenzungsflächen des Schattenraumes ebenfalls immer geradlinig begrenzt. Du kannst in Gedanken von der Lichtquelle aus wie in Abbildung 3 gerade Linien über die Grenzen des Gegenstandes bis zum Schirm ziehen.

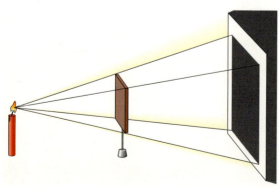

3 Der Schatten ist geradlinig begrenzt

Die Größe des Schattens ist veränderlich. Das kannst du beobachten, wenn du das lichtundurchlässige Hindernis zwischen der Lichtquelle und dem Schirm hin und her bewegst. Je näher du damit an die Lichtquelle kommst, desto größer werden der Schattenraum und damit auch der Schatten auf dem Schirm. Schiebst du den Gegenstand von der Lichtquelle weg, wird der Schatten entsprechend kleiner.
Verschiebst du andererseits den Schirm hinter dem Hindernis, kannst du damit ebenfalls die Schattengröße beeinflussen. Je weiter der Schirm vom Hindernis entfernt steht, desto größer ist darauf der Schatten. Umgekehrt wird er kleiner, wenn du den Schirm auf das Hindernis zu bewegst.

Die Schatten verändern sich, wenn du zur Beleuchtung eines Hindernisses zwei Lichtquellen benutzt. In Abbildung 4 siehst du, dass jede Lampe den Holzklotz und den Schirm beleuchtet. Hinter dem Klotz gibt es also zwei Schattenräume. Aber in jeden Schattenraum gelangt Licht von der jeweils anderen Lampe. Deshalb ist der Schattenraum nicht so dunkel, als wenn nur eine Lampe leuchten würde. Schattenraum und Schatten sind also aufgehellt. Solche Schattenräume und Schatten heißen **Halbschatten.**

Werden die Lampen aufeinander zu geschoben, so gibt es unmittelbar hinter dem Klotz einen Raum, in den weder von der einen noch von der anderen Lampe Licht fällt. Er ist dunkler als die daneben liegenden Halbschatten und gegen diese scharf abgegrenzt. Dieser lichtlose Raum heißt **Kernschatten.** Er wird größer, wenn du die beiden Lampen noch enger zusammenschiebst.

Stellst du drei oder mehr Lampen nebeneinander, wird der von einer Lampe erzeugte Schattenraum von jeder anderen Lampe aufgehellt. Der Kernschatten kann also nur noch direkt hinter dem Hindernis auftreten. Alle anderen Schattenbereiche sind Halbschatten. Sie werden umso heller, je mehr Lampen nebeneinander stehen.

Sehr viele Lampen in einer Reihe nebeneinander bilden ein leuchtendes Band. Das kannst du durch eine *ausgedehnte Lichtquelle* wie eine Leuchtstoffröhre erreichen. Dadurch erhältst du helle, weiche Schatten. Die Schatten gehen ohne Grenzen ineinander über. Eine solche Beleuchtung heißt **schattenfreie Beleuchtung.**

> Hinter einem lichtundurchlässigen beleuchteten Gegenstand entsteht ein dunkler Bereich, der geradlinig begrenzte Schattenraum. Zwei oder mehr Lichtquellen erzeugen Kern- und Halbschatten.

4 Zwei Lichtquellen beleuchten ein Hindernis

11 Stelle zwei gleich helle Lampen in gleichem Abstand vor einen Holzklotz.
a) Schalte zunächst jede Lampe einzeln ein. Beschreibe deine Beobachtung.
b) Schalte beide Lampen ein, schiebe sie voneinander weg und beobachte die Schatten. Beschreibe wie sich die Schatten verändern.
c) Schiebe die beiden Lampen eng zusammen. Beschreibe die entstandenen Schattenräume.

5 Verschiedene Schattenarten

12 Ersetze die einzelnen Lampen durch eine Leuchtstoffröhre wie in Abbildung 6 und beschreibe die entstehenden Schatten.

6 Beschreibe, wie ein Schattenraum und ein Schatten entstehen.
7 Welche Bedingungen müssen erfüllt sein, damit ein Kernschatten entsteht?
8 Fertige eine Zeichnung zu dem Versuch in Aufgabe 11c an. Dabei soll ein größerer Schatten als im Versuch entstehen.
9 Betrachte die Beleuchtung in deinem Klassenraum und erkläre die Aufgabe der Lichtbänder.
10 Stelle dir vor, dass in der Versuchsanordnung von Abbildung 5 noch eine weitere Lichtquelle neben die beiden anderen gestellt wird. Wie würden sich Kernschatten und Halbschatten verändern?

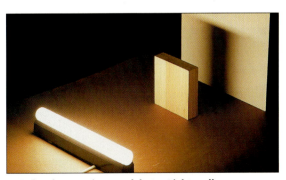

6 Beleuchtung mit ausgedehnter Lichtquelle

2.2 Schatten im Weltraum

Trifft das Licht der Sonne auf die Erde, so ist auf dieser Seite der Erdkugel Tag. Die andere Seite liegt im eigenen Schattenraum, hier ist Nacht. Weil sich die Erde um ihre eigene Achse dreht, wechseln sich für jeden Ort Tag und Nacht miteinander ab. Auch der Mond hat eine Tag- und eine Nachtseite. Er kann das auftreffende Licht der Sonne in unser Auge lenken. Deshalb siehst du ihn als hell leuchtenden Himmelskörper.

Wenn du im Verlauf eines Monats den Mond betrachtest, kannst du eine scheinbare Veränderung seiner Gestalt beobachten. Etwas mehr als 12-mal im Jahr wechselt sie von Neumond über Vollmond wieder zu Neumond. Diese verschiedenen Erscheinungsbilder heißen **Mondphasen.** Sie sind oben abgebildet. Die Ursache für ihre Entstehung liegt darin, dass der Mond die Erde in 29,5 Tagen einmal umkreist.

1 Tag und Nacht auf der Erde

1 Beleuchte einen Globus von der Seite mit einer Experimentierleuchte. Suche deinen Wohnort und drehe den Globus. Wie kommt es zu Tag und Nacht?

2 a) Setze dich auf einen Drehhocker. Lass eine weiße Kugel, die den Mond darstellt, von einer Lampe als Sonne beleuchten. Dreh dich mit der Kugel um dich selbst. Betrachte die helle Fläche der Kugel an den verschiedenen Positionen. An welcher Stelle ist Neumond?
b) Wie muss die Kugel gehalten werden, damit du Vollmond siehst?
c) Vergleiche die Gestalt der beleuchteten Kugelfläche mit den Gestalten vom oberen Bild.

3 Erkläre, wieso Vollmond nur bei Nacht und Neumond nur am Tage auftreten können.

Schickt die voll beleuchtete Hälfte des Mondes infolge seiner Stellung das Licht zur Erde, siehst du den Mond als vollen Kreis. Du siehst die Tagseite des Mondes, für uns ist **Vollmond.** Ist die beleuchtete Mondhälfte nur teilweise der Erde zugewandt, kann auch nur dieser Anteil sein Licht zur Erde senden. Der beleuchtete Teil des Mondes erscheint uns dann je nach Stellung in der bekannten Sichelform oder als Halbkreis. Dann ist für uns zum Beispiel **Halbmond.**

Während einer gewissen Zeit entschwindet der Mond bei Nacht unseren Blicken ganz. Dann ist er zur Tagseite der Erde gewandert und wendet der Erde seine Nachtseite zu. Diese Stellung heißt **Neumond.**

Vollmond und Neumond kannst du nur beobachten, wenn Sonne, Erde und Mond nicht auf einer geraden Linie zueinander stehen. Vollmond kann nur nachts und Neumond kann nur am Tage auftreten.

2 Entstehung der Mondphasen

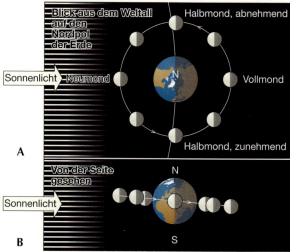

3 Die Stellung des Mondes im Weltraum

Als Kolumbus 1492 Amerika entdeckte, konnte er eines Tages die Eingeborenen einschüchtern, indem er eine Sonnenfinsternis verhersagte. Man konnte also schon damals solche Ereignisse minutengenau voraus berechnen. Eine Sonnenfinsternis oder auch eine Mondfinsternis kommt dadurch zustande, dass sowohl die Erde als auch der Mond im Weltraum Kern- und Halbschatten bilden. Die Kernschatten sind kegelförmig. Die Halbschatten ergeben sich, weil die Sonne für Erde und Mond eine ausgedehnte Lichtquelle ist.

Wenn der Mond auf seiner Bahn um die Erde gelegentlich genau zwischen Sonne und Erde steht, fällt sein Schatten auf die Erde. Der Mond verdeckt dann für die Bewohner im Schatten die Sonne. Dadurch kommt eine **Sonnenfinsternis** zustande. Im Kernschatten des Mondes erleben sie eine *totale Sonnenfinsternis*.
Für Beobachter im Halbschatten verdeckt der Mond nur einen Teil der Sonne. Sie erleben eine *partielle Sonnenfinsternis*.

Der Schatten des Mondes hat einen Durchmesser von ungefähr 300 km und wandert infolge der Erddrehung in einem schmalen Streifen über die Erde hinweg. Deshalb kann eine Sonnenfinsternis immer nur auf einem kleinen Teil der Erde beobachtet werden. In Deutschland fand die letzte totale Sonnenfinsternis am 11. August 1999 statt. Sie war in Süddeutschland wie auf dem Bild oben auf dieser Seite zu sehen.

Steht der Mond im Kernschattenraum der Erde, fällt kein Licht auf ihn. Die Erdbewohner sehen dann eine *totale Mondfinsternis*. Befindet sich der Mond nur teilweise im Kernschatten der Erde, ist er teilweise beleuchtet. Die Menschen sehen dann den Mond sichelförmig verdunkelt. Jetzt herrscht *partielle Mondfinsternis*.

Die Bahn des Mondes um die Erde ist gegen die Bahn der Erde um die Sonne etwas geneigt. Deshalb finden nicht bei jedem Vollmond eine Mondfinsternis und nicht bei jedem Neumond eine Sonnenfinsternis statt.

> Erde und Mond erzeugen im Weltraum Schatten. Durch die Drehbewegung von Erde und Mond entstehen Tag und Nacht und die Mondphasen.
> Fällt der Mondschatten auf die Erde, herrscht Sonnenfinsternis. Durchläuft der Mond den Erdschatten, herrscht Mondfinsternis.

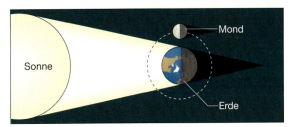

4 *Schattenkegel im Weltraum*

4 Setze dich als Erde auf einen Drehhocker vor eine Experimentierleuchte, die die Sonne darstellt. Halte eine weiße Kugel als Mond zwischen dich und die Leuchte. Wie musst du die Kugel halten, damit du eine Sonnenfinsternis erzeugst?

5 Überlege, wie eine partielle, also teilweise Sonnenfinsternis entsteht. Probiere aus.

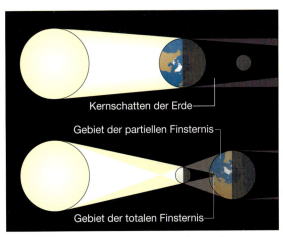

5 *Entstehung der Mond- und Sonnenfinsternis*

6 Dreh dich auf dem Hocker mit dem Rücken zur Leuchte. Halte die weiße Kugel vor dich. Welche Finsternis ist jetzt entstanden?

7 Überlege, wie die Mondkugel für eine partielle Mondfinsternis gehalten werden muss. Probiere aus.

8 a) Auf welcher Seite des Mondes ist Tag, auf welcher Nacht?
b) Wann gibt es auf dem Mond keine Tagseite?

9 Wie stehen Sonne, Erde und Mond bei Halbmond zueinander?

10 Stelle dir vor, der Mond sei nur halb so groß wie er wirklich ist. Welches Bild würde sich für uns auf der Erde bei einer totalen Sonnenfinsternis ergeben? Erläutere.

Licht

Projekt: Bau einer Sonnenuhr

Bereits 5000 v. Chr. wurden Sonnenuhren zur Zeitmessung verwendet. Je nach Sonnenstand wirft ein Stab einen Schatten auf die in Stunden unterteilte Skala und gibt die **wahre Ortszeit WOZ** an. Hat die Sonne ihren höchsten Stand erreicht, ist es 12.00 Uhr Mittag. Dieser Stand wird nicht an allen Orten zur gleichen Zeit erreicht, weil sich die Erde dreht. Jeder Ort hat dadurch seine eigene WOZ. Um Zeiten vergleichen zu können, wurde die Erde in Zeitzonen eingeteilt. Innerhalb einer Zeitzone, die jeweils 15 Längengrade breit ist, gilt die gleiche Zeit. Eine Zeitzone weiter östlich ist es zum gleichen Zeitpunkt eine Stunde später. Wir leben nach der **mitteleuropäischen Zeit MEZ,** die sich nach der WOZ von Görlitz richtet. Hat die Sonne in Görlitz ihren Höchststand erreicht, fällt der Schatten des Stabes einer Sonnenuhr genau auf 12.00 Uhr. Diese Schattenlinie wird als **Mittagslinie** bezeichnet.

1 Grundkonstruktion

Sommersonnenuhr für WOZ

Es gibt verschiedene Sonnenuhrtypen, die ein gleichmäßig aufgeteiltes Zifferblatt haben wie in Abbildung 1. Der Winkel zwischen den Stundenlinien beträgt jeweils 15°. Um die WOZ ablesen zu können, wird durch den Mittelpunkt der Kreisscheibe ein Stab geschoben, der mit dem Zifferblatt einen rechten Winkel bildet. Dieser Schattenstab muss bei allen Sonnenuhren zum *Polarstern* zeigen, der auch **Himmelsnordpol** genannt wird. Dies erreicht ihr, indem ihr das Zifferblatt mit dem Schattenstab wie in Abbildung 2 auf einer Grundplatte ausrichtet. Der Stab bildet mit der waagerechten Grundplatte einen Neigungswinkel, der vom Breitengrad eures Wohnortes abhängig ist. Für Stuttgart ist das der Winkel 49°, denn Stuttgart liegt auf 49° nördlicher Breite. Jetzt müsst ihr eure Sonnenuhr an einen sonnigen Platz tragen und mit dem Kompass so ausrichten, dass die Mittagslinie genau nach Norden zeigt. Der Stab zeigt dann zum Polarstern.

Sommersonnenuhr für MEZ

Um die WOZ in die MEZ umrechnen zu können, benötigt ihr den Längengrad eures Wohnortes. Stuttgart liegt auf 9° östlicher Länge, für Görlitz sind es 15°. Daraus ergibt sich eine Differenz von 15° − 9° = 6°. Da pro Längengrad eine Zeitverschiebung von 4 Minuten zu beachten ist, ergibt sich 6 · 4 min = 24 min. Zeigt die Sonnenuhr in Stuttgart 12 Uhr WOZ an, müsst ihr zu dieser abgelesenen Zeit 24 Minuten addieren. Somit ist es um 12.00 Uhr WOZ 12.24 Uhr MEZ. Auf diese Weise müsst ihr auch die Zeitverschiebung für euren Ort berechnen.

Wollt ihr euer Zifferblatt nach der MEZ ausrichten, müsst ihr diese Berechnung berücksichtigen und euer Zifferblatt so drehen, dass die Zahl für MEZ auf der Mittagslinie liegt. Im Sommer kommt noch eine Stunde für die Sommerzeit hinzu.

Materialliste:

Für den Bau einer Sonnenuhr benötigt ihr Karton, Zirkel, Geodreieck, Schere, Kleber, Stab, Stifte, ein langes Lineal und einen Atlas. Eure Sonnenuhr könnt ihr auch aus wetterfestem Material wie Ton, Holz oder Stein gestalten.

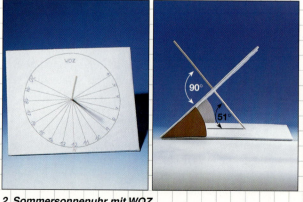

2 Sommersonnenuhr mit WOZ

Gruppe 1: Sommersonnenuhr mit WOZ und MEZ

Baut eine Sommersonnenuhr nach Abbildung 1, die die WOZ anzeigt. Rechnet die WOZ in die MEZ um und schreibt sie ebenfalls auf das Zifferblatt. Damit ihr beide Zeiten gut unterscheiden könnt, ist es sinnvoll, das Zifferblatt eckig zu gestalten. Habt ihr das Zifferblatt konstruiert, könnt ihr in den Kreis die WOZ und auf den eckigen Rand die MEZ schreiben.

Stellt eine Grundplatte her, auf der ihr das Zifferblatt mit dem Schattenstab ausrichtet und festklebt. Stellt eure Sonnenuhr an einem sonnigen Platz auf und richtet sie mit dem Kompass aus.

Da die Sonne im Sommer höher steht als im Winter, kann eure Sonnenuhr vom 21. März bis zum 21. September WOZ und MEZ anzeigen. In der übrigen Zeit fällt der Schatten unter das Zifferblatt.

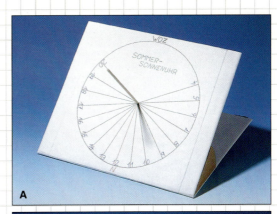

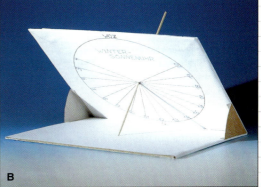

4 Ganzjahressonnenuhr. A Vorderseite; **B** Rückseite

Gruppe 2: Ganzjahressonnenuhr

Baut wie in Abbildung 1 eine Sommersonnenuhr, die die WOZ anzeigt. Für eine Sonnenuhr, an der ihr das ganze Jahr die Zeit ablesen könnt, benötigt ihr noch ein zweites Zifferblatt auf der Unterseite. Durchbohrt die Pappe im Mittelpunkt. Konstruiert auf der Unterseite ein Zifferblatt. Zeichnet die Mittagslinie auf der gleichen Stelle wie auf der Oberseite ein. Die Zeiten müsst ihr dann rechts und links von der Mittagslinie vertauschen, da der Schatten im Sommerhalbjahr – 21. März bis 21. September – auf das obere und im Winterhalbjahr – 21. September bis 21. März – auf das untere Zifferblatt fällt.

Fertigt eine Grundplatte an, auf der ihr das Zifferblatt mit dem Schattenstab ausrichtet und festklebt. Stellt eure Sonnenuhr an einem sonnigen Platz auf und richtet sie mit dem Kompass so aus, dass die Mittagslinie nach Norden zeigt.

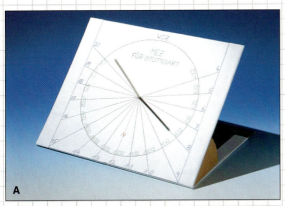

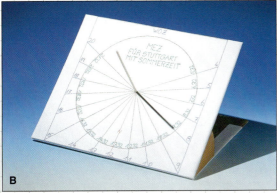

3 Sommersonnenuhr. A mit WOZ und MEZ; **B** mit WOZ, MEZ und Sommerzeit

Licht

3 Lichtbrechung und Linsen

3.1 Licht wird gebrochen

1 Trifft die Stange den Gegenstand?

Max peilt durch ein Rohr die Münze auf dem Boden des Aquariums an. Er will sie unbedingt treffen, denn dann darf er sie behalten. Aber als er einen Stab durch das Rohr gleiten lässt, trifft er daneben. Er ist sehr verwundert. Max ist davon ausgegangen, dass er die Münze nur sehen kann, wenn das Licht von der Münze geradlinig in sein Auge fällt. Was passiert also mit dem Licht?

Fällt Licht wie in Abbildung 2 schräg auf das Wasser, so kannst du sehen, dass das Lichtbündel an der Wasseroberfläche abknickt. Das Abknicken wird umso stärker, je flacher das Licht auftrifft. Dies wird als **Brechung** des Lichtes bezeichnet.

In Abbildung 2 ist das Lot gekennzeichnet. Der Winkel zwischen dem Lichtstrahl und dem Lot wird vor dem Auftreffen auf die Grenzfläche als **Einfallswinkel** bezeichnet. Nach dem Durchtritt der Grenzfläche nennt man den Winkel **Brechungswinkel**. Du erkennst, dass der Einfallswinkel in Luft größer ist als der Brechungswinkel im Wasser. Beim Übergang des Lichtes von Luft in Wasser wird das Licht zum *Lot hin* gebrochen.

Fällt das Licht senkrecht in das Wasser, so hat es genau die Richtung des Lotes. In diesem Fall wird das Licht nicht gebrochen.

1 Baue den Versuch aus Abbildung 1 auf. Peile die Münze auf dem Boden durch das Rohr an. Schraube das Rohr am Stativ fest und lass einen dünnen Stab durch das Rohr gleiten. Beschreibe das Ergebnis.

2 a) Lass ein schmales Lichtbündel wie in Abbildung 2 etwas schräg auf die Wasseroberfläche fallen. Beschreibe den Verlauf des Lichtes.
b) Ändere den Einfallswinkel und bestimme jeweils den Winkel zwischen dem Lot und dem Lichtbündel im Wasser. Formuliere das Ergebnis in einem Je-desto-Satz.

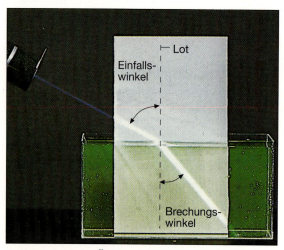

2 Licht wird beim Übergang in Wasser abgelenkt

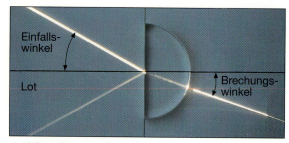

3 Licht geht von Luft in Glas

Fällt ein Lichtbündel wie in Abbildung 3 auf die ebene Fläche eines Halbzylinders aus Glas, so kannst du ebenfalls eine Brechung beobachten. Die Brechung ist umso stärker, je flacher das Lichtbündel einfällt. Die Brechung erfolgt auch beim Übergang von Luft in Glas zum Lot hin.

3 Baue den Versuch aus Abbildung 3 mit einem Halbzylinder aus Glas auf. Verändere den Einfallswinkel des Lichtbündels. Beschreibe deine Beobachtung. Vergleiche sie mit dem Ergebnis aus dem Versuch in Aufgabe 2.
4 Nenne Gegenstände, an denen Licht gebrochen wird.

> Licht wird beim Übergang von Luft in Wasser oder Luft in Glas zum Lot hin gebrochen. Je flacher das Licht auftrifft, desto stärker ist die Brechung.

Licht

3.2 Das Brennglas

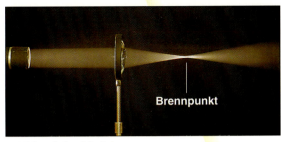

1 Licht wird gebündelt

Mithilfe des Sonnenlichts kannst du Papier anzünden. Dazu brauchst du ein **Brennglas**. Das ist ein gewölbter Glaskörper, der in der Mitte dicker ist als am Rand. Er sammelt das Licht von der Sonne auf einen sehr kleinen Lichtfleck. Deshalb heißt der Glaskörper **Sammellinse.**

Eine solche Sammellinse siehst du in Abbildung 1. Dieses Bild zeigt auch den Verlauf des Lichts, wenn die Sonne die Lichtquelle ist. Von der Experimentierleuchte fällt paralleles Licht auf die Sammellinse und wird hinter der Linse auf einen Punkt, den **Brennpunkt,** gesammelt. Der Abstand von der Mitte der Linse bis zum Brennpunkt ist die **Brennweite f**. Sie wird in Millimeter oder Zentimeter angegeben.

1 Halte eine Lupe ins Sonnenlicht. Versuche das Papier zu entzünden. Beschreibe wie du vorgegangen bist. Beachte die Sicherheitsvorkehrungen! Begründe, warum das Papier zu brennen beginnt. Verwende in deiner Begründung den Begriff „Energiewandlung".

2 Lass wie in Abbildung 1 paralleles Licht auf eine Linse fallen. Den Lichtweg kannst du mit Wasserdampf sichtbar machen.
a) Was passiert mit dem Licht an der Linse?
b) Vergleiche den Verlauf des Lichtes mit dem aus Abbildung 2.

3 Begründe den Begriff Brennpunkt in Abbildung 1.

4 Welcher Abstand von der Linse heißt Brennweite?

5 a) Lege eine linsenförmig gekrümmte Glasscheibe wie in Abbildung 3 auf ein weißes Blatt Papier. Lass am Papier entlang paralleles Licht auf die Linse fallen. Miss die Brennweite.
b) Wiederhole den Versuch mit einer Linse mit anderer Krümmung. Vergleiche die Brennweiten miteinander.

6 Beschreibe eine Sammellinse und begründe ihren Namen.

7 Wie kannst du die Brennweite einer Sammellinse mithilfe des Sonnenlichtes bestimmen?

2 Jedes Brennglas hat einen Brennpunkt

Die Brennweite hängt von der Krümmung der Linse ab. Je weniger die Linse gekrümmt ist, desto größer ist die Brennweite. Umgekehrt wird die Brennweite der Sammellinse größer, wenn die Krümmung der Linse kleiner wird. Die Linse wird also flacher. Ein Glaskörper, der gar nicht gekrümmt ist, hat deshalb auch keinen Brennpunkt.

> Eine Linse, die in der Mitte dicker ist als am Rand, heißt Sammellinse. Sie sammelt parallel einfallendes Licht im Brennpunkt.
> Der Abstand von der Linse zum Brennpunkt ist die Brennweite f.

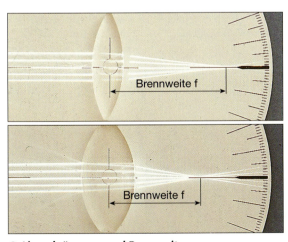

3 Linsenkrümmung und Brennweite

So bekommst du paralleles Licht:

1. Richte das Licht einer Taschenlampe mit einstellbarem Reflektor auf eine Wand. Drehe den Kopf der Lampe so lange, bis der Lichtfleck auf der Wand möglichst klein ist.
2. Bei einer Experimentierleuchte benutzt du eine Vorsatzlinse, einen **Kondensor.** Verschiebe die Lampe im Gehäuse, bis du auf einer weit entfernten Wand das Bild der Wendel siehst.

Licht

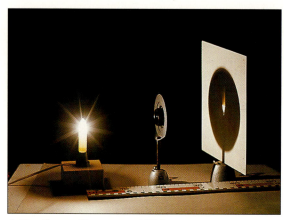

1 Eine Sammellinse erzeugt Bilder

3.3 Sammellinsen erzeugen Bilder

Eine Scheibe mit einem kleinen runden Loch wird als **Lochblende** bezeichnet. Bringt man eine solche Lochblende zwischen eine Kerze und einen Bildschirm, entsteht auf dem Schirm ein sehr lichtschwaches Bild der Kerze. Wird anstelle der Lochblende einen Sammellinse verwendet, wird ein wesentlich helleres Bild auf dem Schirm erzeugt.

Die Kerze sendet Licht auf die Sammellinse. Von dieser werden die Lichtbündel gebrochen, das Licht fällt wie in Abbildung 1 auf den Schirm. Dabei werden oben und unten, rechts und links vertauscht. So entsteht bei einem bestimmten Abstand zwischen Linse und Schirm ein umgekehrtes und seitenverkehrtes scharfes Bild. Dieser Abstand heißt **Bildweite**. Ob es sich dabei um ein verkleinertes oder vergrößertes Bild handelt, hängt von der **Gegenstandsweite** ab. Das ist der Abstand zwischen Kerze und Linse.

Mit einem Tageslichtprojektor kann man Bilder auf Folien vergrößert an eine Wand projizieren. Die einzelnen Teile des Projektors erkennt man in Abbildung 2. Die Folie wird von unten beleuchtet. Das Licht, das durch die Folie hindurchgeht, trifft auf den Projektionskopf. Darin befinden sich eine Sammellinse und ein Spiegel, mit dem das Licht zur Wand umgelenkt wird.

Damit bei einer bestimmten Bildweite ein scharfes Bild entsteht, muss man durch Verstellen des Projektionskopfes die Gegenstandsweite anpassen.

> Sammellinsen erzeugen von Gegenständen umgekehrte und seitenverkehrte Bilder. Deren Größe hängt von der Gegenstandsweite und von der Bildweite ab.

1 Nenne Geräte, die wie der Tageslichtprojektor Bilder auf eine Wand projizieren.

2 Baue den Versuch aus Abbildung 1 auf. Verschiebe die Linse zwischen Kerze und Schirm, bis du ein scharfes Bild auf dem Schirm erhältst. Beschreibe das Bild.

3 Verschiebe im Versuch in Aufgabe 2
a) die Kerze, b) den Schirm.
Wie verändert sich jeweils das Bild?

4 Erkläre die Begriffe Gegenstandsweite, Bildweite, Bildgröße und Gegenstandsgröße mit Abbildung 3.

5 Beschreibe den Aufbau eines Tageslichtprojektors. Benenne dabei die für die Abbildung nötigen Bauteile.

6 Verändere bei einem Tageslichtprojektor die Stellung des Spiegels. Beschreibe, welche Funktion er hat. Wo würde das Bild ohne Spiegel entstehen?

7 Verändere bei einem Tageslichtprojektor die Höhe des Projektionskopfes. Beschreibe, wie sich das Bild verändert.

8 Verschiebe den Tageslichtprojektor. Stelle das Bild jeweils scharf.
a) Welche für die Abbildung wichtigen Größen werden verändert?
b) Beschreibe den Zusammenhang zwischen den Größen in einem Je-desto-Satz.

9 Welche beiden physikalischen Vorgänge werden bei der Erzeugung des Bildes ausgenutzt?

2 Tageslichtprojektor

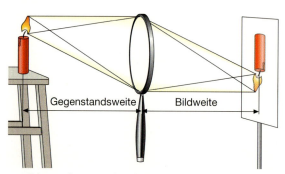

3 Bildentstehung an der Linse

Licht

Prüfe dein Wissen

A 1 Das weiße Sonnenlicht kann in ein Farbspektrum zerlegt werden.
a) Beschreibe den Versuchsaufbau.
b) Zeichne ein Farbspektrum mit den Farben in der richtigen Folge und ergänze mit den Bereichen des unsichtbaren Lichts.
c) Beschreibe, wie man das unsichtbare Licht nachweisen kann.
d) Welche Beobachtung kann man machen, wenn man das Farbspektrum auf eine Sammellinse projiziert, hinter der sich im Abstand der Brennweite der Linse ein Bildschirm befindet? Erläutere.

A 2 Erkläre anhand einer Zeichnung das Entstehen eines Halbschattens bzw. eines Kernschattens.
Erläutere, weshalb man bei einer totalen Sonnenfinsternis von Kernschatten spricht, obwohl nur eine einzige Lichtquelle, nämlich die Sonne, vorhanden ist.

A 3

Vergleiche den Teddybär mit seinem Spiegelbild.
a) Was fällt dir auf? Erläutere.
b) Zeichne den Verlauf der Lichtstrahlen von einzelnen Körperpunkten des Teddybärs zum Spiegelbild und von dort aus bis zu deinem Auge. Erläutere.
c) Stelle dir folgende Abweichung im Versuchsaufbau vor: Parallel zum ersten Spiegel wird hinter dem Teddybär ein zweiter Spiegel aufgestellt. Was kann man nun sehen, wenn man in den ersten Spiegel blickt? Führe zur Kontrolle deiner Antwort den Versuch durch.

A 4 Auf einem Gartenfest an einem sonnigen Sommertag überraschst du deine Freunde mit folgendem Zauberkunststück: Du kannst mit verbundenen Augen zwei gleichartige Kugeln, die sich nur in der Farbe (schwarz und weiß) unterscheiden, sicher erkennen.
Wie musst du vorgehen? Beschreibe den Ablauf und erläutere den physikalischen Hintergrund.

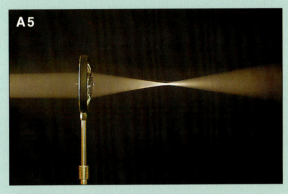

A 5

Finde für den abgebildeten Versuchsaufbau eine passende Überschrift. Erläutere den Versuch und das Ergebnis.

A 6 Weshalb kann es gefährlich sein, Glasscherben im Wald liegen zu lassen, vor allem im Sommer?

A 7 Eine Linse, deren Oberfläche nach innen gebogen ist, bezeichnet man als Zerstreuungslinse.
a) Vergleiche mit einer Sammellinse und überlege, wie parallel einfallenden Lichtstrahlen gebrochen werden.
b) Kann man mit einer Zerstreuungslinse ein Bild auf einem Bildschirm erzeugen? Erläutere.

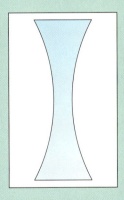

A 8 Glühlampen und Leuchtstoffröhren sind unterschiedlich gebaut.
a) Erläutere jeweils die Funktionsweise.
b) Überlege, wie jeweils farbiges Licht abgestrahlt werden kann.

Boden und Gestein

In einem Steinbruch kann man einen Blick in den Untergrund werfen. Die steil abfallenden Wände bestehen aus blankem Gestein. Hier sind kaum Lebensspuren zu entdecken. Manchmal sieht man eine Eidechse über die Steine huschen. In einer Felsspalte wurzelt vielleicht eine spärliche Blume oder spannt sich ein Spinnennetz.

Die Oberkante der Steilwand ist dagegen dicht bewachsen. Dort kann man eine mehr oder weniger dicke, braun gefärbte und von Pflanzenwurzeln durchsetzte Schicht erkennen, die dem Gestein aufliegt. Diese Schicht wird als Boden bezeichnet. Hier wachsen Gräser und Büsche, sogar kleinere Bäume gedeihen direkt am Abgrund.

Unter den Naturwissenschaften beschäftigt sich die *Geologie* mit dem Aufbau und der Entstehung von Gesteinen und Böden. Die *Chemie* untersucht die Zusammensetzung, die Kristallform und die Verwendungsmöglichkeiten der einzelnen Mineralien, aus denen sich die Gesteine zusammensetzen. Für die Biologie sind vor allem die Lebensbedingungen in den verschiedenen Lebensräumen wichtig.

1 Gesteine und Mineralien

Der berühmte Maler und Ingenieur Leonardo DA VINCI behauptete um 1500 n. Chr., die versteinerten Muschelschalen, die man in Italien an vielen Orten finden kann, seien Reste früherer Lebewesen. Er widersetzte sich der damals üblichen Anschauung, dass eine vierzigtägige Sintflut für die Bildung dieser Reste, der so genannten **Fossilien**, ausgereicht haben könnte. Statt dessen schloss er aus seinen Beobachtungen, dass im Lauf großer Zeiträume Festland im Meer versunken und Meeresboden über den Meeresspiegel aufgestiegen ist. Jetzt wurde verständlich, weshalb manche Gesteine in mehr oder weniger dicken Schichten zu finden sind. Solche Gesteine sind durch Verdunsten von Meerwasser und chemische Ausfällung verschiedener Salze wie Gips oder Steinsalz entstanden. Weil es sich hier um Ablagerungen handelt, spricht man von *Sedimentgesteinen* (lat. *sedere*, absetzen). Manche dieser Gesteine können ganze Gebirgszüge aufbauen. Beispielsweise bestehen die bayerischen Kalkalpen, wie das Bergmassiv der Zugspitze, aus Kalkstein. Der Hauptbestandteil von Kalkstein ist ein bestimmtes Salz, das als Calciumcarbonat oder Calcit bezeichnet wird. Ein besonders bekanntes, dem Kalkstein sehr ähnliches Gestein ist Dolomit. Aus diesem Gestein besteht zum Beispiel der Gebirgszug der Dolomiten in den Alpen. Dolomit ist ein Gemisch aus Calciumcarbonat und Magnesiumcarbonat. Die einzelnen Bestandteile eines Gesteins werden als **Mineralien** bezeichnet. Die Naturwissenschaft, die sich mit dem Aufbau und der Entstehung der Gesteine auf der Erde beschäftigt, ist die *Geologie*.

Ein besonders hartes Gestein ist der Granit. Er wird zum Beispiel zur Herstellung von Pflastersteinen oder Grabdenkmälern verwendet und besteht aus den drei Mineralien Feldspat, Quarz und Glimmer. Je nach Zusammensetzung kann er hellgrau, dunkelgrau bis schwarz oder auch rötlich gesprenkelt sein. Granit ist kein Sedimentgestein, sondern tief unter der Erdkruste entstanden und bei der Auffaltung von Gebirgen an die Erdoberfläche gekommen. Granit ist ein *Tiefengestein*.

Schließlich gibt es Gesteine, die bei Vulkanausbrüchen mit der heißen Lava nach oben befördert wurden. Zu diesen *Ergussgesteinen* gehört der Basalt.

> Gesteine sind meist aus verschiedenen Mineralien zusammengesetzt. Man unterscheidet Sediment-, Tiefen- und Ergussgesteine.

1 Die Zugspitze – ein Bergmassiv aus Kalkstein

2 Die Dolomiten in den Alpen – ein Gebirgszug aus Dolomit

3 Rubin-Edelsteine im natürlichen Gestein

4 Granit – ein Gemenge aus drei Mineralien

Boden und Gestein

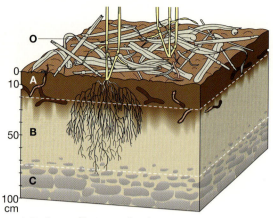

1 Bodenprofil. O – *Auflagehorizont;* **A** – *Oberboden;* **B** – *Unterboden;* **C** – *Gesteinshorizont*

2 Boden

2.1 Aufbau eines Bodens

Böden entstehen durch Verwitterungsvorgänge aus festem Gestein. Regen, Wind, Kälte und Wärme zermürben im Laufe von Jahrtausenden das Gestein. In Vertiefungen sammelt sich feiner Staub, in dem erste Pflanzen wurzeln können. Diese Pflanzen locken Tiere an, z. B. kleine Insekten. Wenn Pflanzen und Tiere absterben, vermischen sich ihre Reste mit dem Gesteinsstaub. Ein Boden entsteht. Jeder Boden enthält Reste des Ausgangsgesteins, aus dem er entstanden ist, und Bestandteile abgestorbener Pflanzen und Tiere, die man **Humus** nennt. Beide Materialien liefern den Pflanzen Nährsalze.

Sticht man mit einem Spaten ein Stück Boden aus, so sieht man, dass sich Farbe und Zusammensetzung nach unten ändern. An einem solchen *Bodenprofil* kann man mehrere **Horizonte** unterscheiden. Auf naturnahen Böden liegt oben meist eine Schicht aus teilweise verwesten Pflanzenresten. Man nennt sie *O-Horizont* oder **Auflagehorizont.** Im Wald heißt diese Schicht *Laubstreu.* Der eigentliche Boden beginnt mit dem *A-Horizont* oder **Oberboden,** der durch Humus meist dunkel gefärbt ist. Darunter liegt der *B-Horizont* oder **Unterboden,** der wenig Humus enthält und meist heller als der Oberboden erscheint. Ganz unten liegt der *C-Horizont.* Dieser **Gesteinshorizont** besteht aus dem noch weitgehend unverwitterten Ausgangsgestein. Bodenlebewesen halten sich vorwiegend im Auflagehorizont und im Oberboden auf, die Wurzeln vieler Pflanzen durchziehen auch den Unterboden.

Die Fruchtbarkeit eines Bodens ist nicht nur vom Humusgehalt abhängig, sondern z. B. auch von seiner Fähigkeit Wasser zu speichern. In **Sandböden** sind die Bodenteilchen bis zu 2 mm groß. Dazwischen befinden sich große Lücken, durch die Wasser schnell versickert. Sandböden sind daher locker und können nur wenig Wasser speichern. In **Tonböden** liegen die weniger als 0,002 mm kleinen Teilchen sehr eng aneinander. Wasser versickert durch die engen Hohlräume nur langsam. Tonböden sind deshalb sehr dicht und stauen das Wasser, sodass Pflanzenwurzeln bei einer länger andauernden nassen Witterung verfaulen können. **Lehmböden** sind aus Teilchen aufgebaut, deren Größe zwischen der von Sand und Ton liegt. Ihr Speichervermögen für Wasser ist recht günstig. In vielen Teilen Deutschlands sind Lehmböden die fruchtbarsten Böden.

In manchen Gebieten der Erde kommt es durch unsachgemäße Nutzung zur Abtragung des Bodens durch Regen und Wind. Diese **Bodenerosion** hat schon ganze Landstriche zu Wüsten werden lassen, die landwirtschaftlich nicht mehr nutzbar sind.

> Böden bestehen aus verwitterten Gesteinsresten sowie Bestandteilen abgestorbener Lebewesen. An einem Bodenprofil kann man mehrere Horizonte unterscheiden.

1 Beschreibe den Aufbau eines Bodens.

2 Kartoffelanbau auf Sandboden

3 Zuckerrübenanbau auf Lehm

4 Bodenerosion

1 Waldboden mit Laubschicht

Lebewesen in 1 m² Waldboden bis 30 cm Tiefe	Durchschnittliche Anzahl
Schnecken	50
Spinnen	50
Asseln	50
Regenwürmer	80
Käfer und Käferlarven	100
Springschwänze	50 000
Milben	100 000
Fadenwürmer	1 Million
Pilze	1 Milliarde
Bakterien	1 Billion

2 So viele Lebewesen leben auf 1 m² Boden

2.2 Der Waldboden

Waldboden unterscheidet sich von Ackerboden dadurch, dass er an vielen Stellen ständig von einer Schicht aus Laub, Nadeln, Ästchen, Zapfenresten usw. bedeckt ist. Weil diese Bestandteile wie hingestreut aussehen, nennt man die Schicht **Streuschicht.**

In 10 cm Tiefe sieht die Streuschicht aus wie Blumenerde. Die Bodenkörnchen und auch Gestein sitzen darunter.

Obendrauf liegen die trockenen Blätter. Nimmst du sie zur Seite, huschen einige Tiere davon: Laufkäfer, Spinnen, Milben und Hundertfüßer. Sie sind schnell, können andere Bodentiere erbeuten und fressen. Es sind **Räuber.**

Sie leben von Tieren, die in tieferen Regionen leben. Wir finden dort z. B. Regenwürmer, Fadenwürmer und Insektenlarven. Es handelt sich um **Pflanzenfresser,** die von noch lebenden Bestandteilen (z. B. Feinwurzeln) oder totem Material (Blätter, Ästchen usw.) leben. Da ihre Nahrung um sie herumliegt, müssen sie nicht schnell sein, sondern können in aller Ruhe fressen. Diese Tiere sind an das Leben in tieferen Schichten angepasst.

Dort unten ist es dunkel und feucht. Also kommen die Lebewesen mit sehr wenig Licht aus. Sie müssen nur hell und dunkel unterscheiden können, damit sie nicht in die falsche Richtung kriechen. Große Augen sind nicht nötig.

Auch ist der Körper nicht sonderlich gegen Austrocknen geschützt, weil die Umgebung stets feucht ist. Sobald die Tiere an die Oberfläche gelangen, suchen sie bald wieder die tieferen Schichten auf, damit ihre dünne Haut nicht austrocknet.

Wenn man Äste oder abgestorbene Wurzeln aus dem Boden zieht, kann man häufig feststellen, dass sie von einem Gespinst von feinen, weißen Fäden bedeckt und durchzogen sind. Es sind **Pilzfäden,** die ein Geflecht bilden. Sie leben von den Inhaltsstoffen des Holzes.

Als Letztes seien die **Bakterien** erwähnt. Sie sind unter dem Mikroskop ab etwa 400facher Vergrößerung zu erkennen. Auch sie leben von Tier- und Pflanzenresten. So können vom Kot der Regenwürmer noch viele Millionen Bakterien leben.

Das Erstaunliche ist die **große Menge** der Bodenlebewesen. Mit bloßem Auge sieht man ab und zu einen Käfer oder Regenwurm. Mit Lupe und Mikroskop betrachtet lassen sich sehr viele Lebewesen erkennen.

> In der Streuschicht des Waldbodens leben viele Kleintiere, Pilze und Bakterien.

3 Zerfallender Baumstumpf

1 Begründe, warum so viele Bakterien im Waldboden leben können.

Übung — Bodenuntersuchungen

V1 Zusammensetzung von Böden

Material: mehrere Kunststoffbecher; kleine Schaufel; Papierbögen; gleich große Gläser, z. B. Marmeladengläser

Durchführung: Besorge dir Proben von verschiedenen Böden, z. B.: Sandboden (Düne, Seeufer, Sandgrube), Lehmboden (Baugrube, lehmiger Acker – „Boden bleibt an den Schuhen kleben"), Tonboden (sehr feinkörnig, glitschig, bläulich, schwer), Humusboden (gute Gartenerde, Blumentopferde). Zerkrümmele die Bodenproben und breite sie auf Papierbögen zum Trocknen aus.
Fülle jeweils ein Glasgefäß zu einem Drittel mit einer Bodenprobe. Fülle die Gefäße mit Wasser. Verschließe sie und schüttle kräftig.

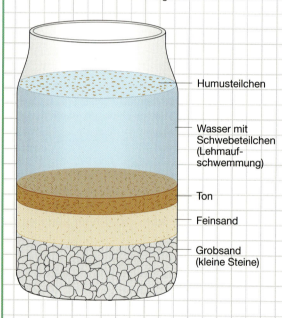

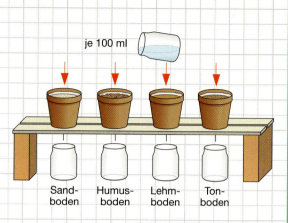

Durchführung: Baue die Versuchsanordnung entsprechend der Abbildung auf. Stecke in das Loch jedes Blumentopfes ein Stück abgewinkelten Draht als Abtropfhilfe. Gib die Filtertüten in die Blumentöpfe und fülle sie gleichmäßig mit den Bodenproben. Gieße auf jede Probe langsam 100 ml Wasser.

Aufgaben: a) Miss die Zeit, in der das Wasser durch die Töpfe läuft, und notiere.
b) Miss die durchgelaufene Wassermenge und notiere. Berechne die zurückgehaltene Wassermenge.
c) Vergleiche die Wasserdurchlässigkeit der Bodenproben.

A3 Saugfähigkeit des Bodens

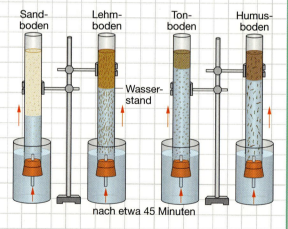

nach etwa 45 Minuten

Aufgabe: Lass die Gläser bis zum nächsten Tag stehen. Zeichne deine Beobachtungen nach dem abgebildeten Muster. Nenne wesentliche Merkmale des jeweiligen Bodens nach der Aufschwemmung.

V2 Wasserspeicherung im Boden

Material: gleich große Blumentöpfe; zwei Ziegelsteine; zwei schmale Bretter; Filtertüten; gleich große Marmeladengläser; dünner Draht; 1 Messbecher oder Babyflasche mit Einteilung; Uhr; Wasser

a) Beschreibe und erkläre die Versuchsreihe in der Abbildung.
b) Fasse die Ergebnisse mit denen der Versuche 1 und 2 zusammen. Gib für jeden untersuchten Boden eine Zusammenstellung seiner Eigenschaften.

Boden und Gestein

Prüfe dein Wissen

A1

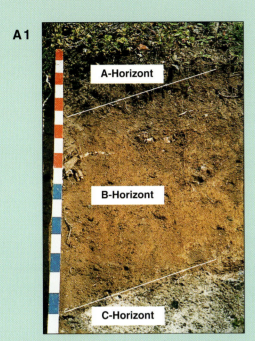

Die Abbildung zeigt ein typisches Bodenprofil eines Waldbodens.
a) Ordne den erkennbaren Bodenschichten die jeweiligen Begriffe zu. Der Maßstab ist in Abschnitte (rot – weiß – blau – weiß) zu je 5 cm unterteilt.
b) Erläutere den Aufbau der einzelnen Schichten dieses Bodens.
c) In welchen Schichten sind Lebewesen zu finden? Erläutere.

A2

In den Steinbrüchen im Altmühltal werden oft Steinplatten gefunden, auf denen Überreste von Fischen zu erkennen sind. Wie nennt man allgemein versteinerte Reste von Lebewesen und wie sind sie entstanden?

A3

Die abgebildeten Blätter stammen aus der obersten Schicht eines Waldbodens. Erläutere die sichtbaren Veränderungen an diesen Blättern.

A4

In Abbildung A ist ein Gipssteinbruch in Unterfranken, in Abbildung B eine Granitfelsgruppe vom Großen Arber im Bayerischen Wald zu sehen.
a) Erläutere jeweils die Entstehung dieser Gesteine.
b) Welchen Gesteinsarten sind Gips und Granit zuzuordnen? Definiere diese Gesteinsarten.

Umwelt und Leben

1 Unterschiedliche Lebensräume

Um uns herum gibt es in unterschiedlichen Lebensräumen eine Vielzahl von Pflanzen und Tieren. Pflanzen wachsen in Wäldern, auf Wiesen, in Parks, in Gärten und werden von Menschen auf Feldern angebaut.

Haustiere wie Hund und Katze werden im Haus oder in der Wohnung gehalten. Nutztiere wie Rind und Schwein leben im Stall oder auf der Weide. Sie dienen unserer Ernährung. Wildtiere wie Reh, Wildschwein oder Fuchs haben in Wäldern und auf Feldern ihren Lebensraum.

Wir müssen die Zusammenhänge zwischen Menschen, Tieren und Pflanzen verstehen. Nur dann können wir so handeln, dass die Vielfalt der Lebewesen und ihre Lebensräume erhalten bleiben.

1.1 Lebensraum Bach

In einem Bergbach stürzt das Wasser zwischen großen Steinen zu Tal. In der reißenden Strömung können sich Wasserpflanzen kaum entwickeln. Nur wenige Tiere, vor allem bestimmte Insektenlarven, leben in ruhigeren, der Strömung abgewandten Wasserbereichen. Oft halten sie sich mit speziellen Haftorganen wie z. B. Saugnäpfen auf dem Untergrund fest. Der Sauerstoffgehalt des Wassers ist hier ziemlich hoch. Die Steine im Bachbett verwirbeln das Wasser und begünstigen so die Aufnahme von Sauerstoff. Außerdem kann kaltes Wasser mehr Sauerstoff aufnehmen als warmes Wasser. Die Tiere des Quellbachs nehmen den Sauerstoff meist über durchblutete Hautlappen, die Kiemen, in ihren Körper auf.

Im Tal fließt das Wasser des Bachs langsamer und ruhiger, auch die Wassertemperaturen liegen höher als im Quell- und Bergbach. Dies hat einen niedrigeren Sauerstoffgehalt des Wassers zur Folge, sodass in diesem Talbereich nur Tiere mit geringerem Sauerstoffbedarf wie beispielsweise Schlammfliegenlarven und Kugelmuscheln zu finden sind. Die geringe Strömung lässt hier zu, dass auch vermehrt Wasserpflanzen wachsen, die vielfältige Lebensmöglichkeiten für Tiere bieten.

Es fällt auf, dass in einem Quellbach ganz andere Tierarten leben als im gleichen Bach, wenn er einige hundert Meter weiter bei geringer Gefällstrecke langsam dahinfließt. Die Tier- und Pflanzenarten haben sich offensichtlich an die unterschiedlichen Umweltbedingungen angepasst, bei denen sie gedeihen können. Deshalb beschäftigen sich hier Biologen vor allem mit folgenden Fragen: Wovon ernähren sich die hier lebenden Tiere? Wie atmen sie? Wie bewegen sie sich? Welche speziellen Angepasstheiten weisen sie auf?

Um derartige Fragen zu klären, kann man in manchen Fällen auch Tiere und Pflanzen im Labor untersuchen. Beispielsweise kann man Fische in ein Aquarium setzen oder für Bodenlebewesen ein Terrarium einrichten. Selbstverständlich dürfen bei derartigen Experimenten die Lebewesen nicht verletzt oder sogar getötet werden und müssen nach Beendigung der Experimente sofort wieder in ihrem Lebensraum ausgesetzt werden. Außerdem ist zu beachten, dass bestimmte Tier- und Pflanzenarten geschützt sind und keinesfalls der Natur entnommen werden dürfen.

> Ein Lebensraum wie z. B. ein Bach kann in Bereichen mit unterschiedlichen Lebensbedingungen von speziell angepassten Tier- und Pflanzenarten besiedelt sein.

Lidmücken-Larve:
Größe: 6 bis 8 mm

Steinfliegen-Larve:
Größe: bis 10 mm ohne Schwanzfäden

Temperatur: bis 12 °C
Strömungsgeschwindigkeit: bis 2,2 m/s
Sauerstoffgehalt: über 10 mg O_2 / l
Nährsalzgehalt: sehr gering

Eintagsfliegen-Larve:
Größe: 8 bis 15 mm ohne Schwanzfäden

Köcherfliegen-Larve:
Größe: bis 20 mm

Temperatur: bis 20 °C
Strömungsgeschwindigkeit: bis 1 m/s
Sauerstoffgehalt: 8 bis 10 mg O_2 / l
Nährsalzgehalt: gering

Schlammfliegen-Larve:
Größe: bis 40 mm

Kugelmuschel:
Größe: bis 20 mm

Temperatur: bis über 20 °C
Strömungsgeschwindigkeit: bis 0,5 m/s
Sauerstoffgehalt: weniger als 8 mg O_2 / l
Nährsalzgehalt: mittel bis hoch

3 Abschnitte eines Baches mit wichtigen physikalischen Größen und typischen Wirbellosen.
A Quellbach; B Bergbach; C Talbach

Umwelt und Leben

Projekt: Aquarium

Viele Jungen und Mädchen wünschen sich ein Aquarium. Zu diesem Thema gibt es zahlreiche Projektmöglichkeiten. Das zeigt sich besonders deutlich, wenn ihr eure Ideen stichwortartig sammelt. Schreibt die Begriffe dann so auf und verbindet sie durch Linien, dass eure Gedankengänge sichtbar werden. Es entsteht eine **Mindmap**. Das ist eine Art Landkarte, die euch hilft, eure Gedanken zu einem Thema zu ordnen und noch weitere Ideen zu entwickeln.

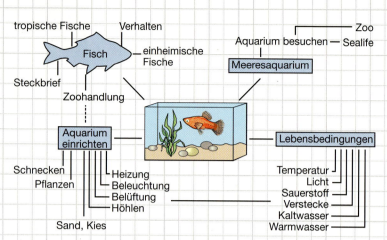

1 Mindmap zur Vorbereitung der Projektarbeit

Gruppe 1: Ein Warmwasseraquarium einrichten

In einem Warmwasseraquarium lassen sich Guppys, Schwertträger, Keilfleckbarben, Panzerwelse oder andere Aquarienfische halten.

Um ein Aquarium einzurichten, müsst ihr zunächst die nötigen Materialien aus einer Zoohandlung oder gebraucht von anderen „Aquarianern" besorgen: das Aquarienbecken, einen Innenfilter mit Watte, einen Reglerheizer, eine Leuchtstofflampe mit Abdeckung und Futterklappe, ein Thermometer, einen Magnetreiniger, einen Saugheber, einen Kescher, Flusskies unterschiedlicher Korngröße, einen Eimer und Wasserpflanzen wie Hornkraut, Schwertpflanze oder Vallisneria.

So solltet ihr beim Einrichten vorgehen: Spült das Aquarium mit warmem Wasser aus. Wascht den Kies so oft im Eimer aus, bis das überstehende Wasser nicht mehr trüb ist. Wählt den Standort des Aquariums so, dass es keine direkte Sonneneinstrahlung bekommt. Stellt das Aquarium auf einen festen Tisch. Gebt den gewaschenen Kies ins Becken. Verteilt ihn so, dass der Boden ungefähr vier Zentimeter hoch bedeckt ist. Der Bodengrund sollte möglichst von hinten nach vorn etwas abfallen. Bohrt mit dem Finger einige Löcher in den Kies und setzt die Wasserpflanzen ein. Achtet darauf, dass sich die Pflanzen nahe der Rückwand des Aquariums befinden. Füllt das Wasser ein, indem ihr

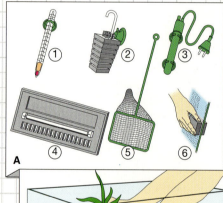

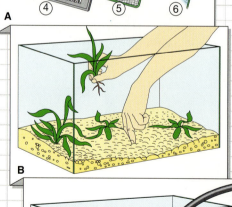

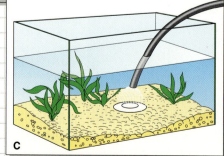

2 Aquarium. A Geräte: ① Thermometer, ② Innenfilter, ③ Reglerheizer, ④ Abdeckung, ⑤ Kescher, ⑥ Magnetreiniger; B Einrichten; C Einfüllen des Wassers

Umwelt und Leben

es über eine umgedrehte Untertasse auf den Bodengrund laufen lasst. Jetzt könnt ihr den Filter, den Reglerheizer und das Thermometer einsetzen und die Beleuchtung anschließen. Die Fische und das Futter besorgt ihr erst, nachdem das Aquarium eine Woche ohne Fische gestanden hat. Als Faustregel gilt: auf fünf Liter Wasser kommt höchstens ein Fisch. Als Futter eignet sich Trockenfutter oder Lebendfutter wie Mückenlarven.

Pflege des Aquariums:
1. Kontrolliert täglich die Wassertemperatur. Sie soll zwischen 22 °C und 26 °C betragen.
2. Gebt den Fischen nur alle zwei Tage so viel Futter, dass nichts am Boden übrig bleibt.
3. Entfernt einmal wöchentlich Mulm und Futterreste. Schabt grüne Beläge an den Scheiben mit dem Magnetreiniger ab. Entfernt abgestorbene Pflanzenteile. Füllt das verdunstete Wasser nach.
4. Säubert monatlich den Filter und ersetzt die verbrauchte Filterwatte. Lichtet die Pflanzen bei zu starkem Wuchs mit einem kleinen Messer aus.

Gruppe 2: Ein Aquarienbesuch

Eine Projektgruppe bereitet den Besuch der Klasse in ein Schauaquarium vor. Die Gruppe hilft bei der Organisation der Fahrt und bereitet den Besuch inhaltlich vor. Über das Internet oder telefonisch könnt ihr sicherlich erfahren, welche Besonderheiten in dem Aquarium gezeigt werden. Zusätzlich könnt ihr weitere Informationen suchen, zum Beispiel über Haie, über Seepferdchen, über die Wanderungen der Aale und Lachse oder über die Fische im Rhein. Bereitet kurze Einführungen für die Klasse vor.

Gruppe 3: Verhalten beobachten

In einem bereits fertigen Aquarium könnt ihr das Verhalten der Fische genau beobachten und beschreiben: Wie bewegen die Fische beim Atmen Maul und Kiemendeckel? Welche Flossen betätigen sie bei ihren Schwimmbewegungen? Welche Fischarten halten sich bevorzugt im freien Wasser, zwischen Pflanzen, am Grund oder in Höhlen versteckt auf? Welche Fische schwimmen im Schwarm, welche sind Einzelgänger? Gibt es Feindseligkeiten zwischen manchen Fischen? Beanspruchen manche Fische ein Revier für sich?

In einem Aquarium, in dem sich die Fische gut eingelebt haben, könnt ihr mit etwas Glück auch das Balzverhalten, die Eiablage und bei einigen Fischen eine interessante Brutpflege beobachten. Stellt eure Ergebnisse mit Texten, Zeichnungen und Fotos auf einem Plakat vor.

3 Fertig eingerichtetes Aquarium

Projekt: Lebensinseln auf dem Schulhof

Auf jedem Schulgelände gibt es ungenutzte Stellen, die selten von jemandem betreten werden. Sie sind geeignet, um in einem langfristigen Projekt **Lebensinseln** für unterschiedliche Tiere und Pflanzen anzulegen. Lebensinseln können Tieren Schutz und Unterschlupf bieten.

Natürlich gehört Geduld dazu, die Pflanzen wachsen zu lassen und Tiere, die sich einfinden, zu entdecken und vorsichtig zu beobachten.

Sinnvoll ist es, ein *Tagebuch* anzulegen. Dort können alle Beobachtungen mit Datum festgehalten werden. Auch Zeichnungen und Fotos sollten nicht fehlen. Wenn ihr euren Mitschülerinnen und Mitschülern das Projekt und die Ergebnisse präsentiert, ist das Tagebuch eine Hilfe bei der Herstellung von Plakaten.

Die Projektthemen sind nur Vorschläge, die durch andere Themen ersetzt oder ergänzt werden können.

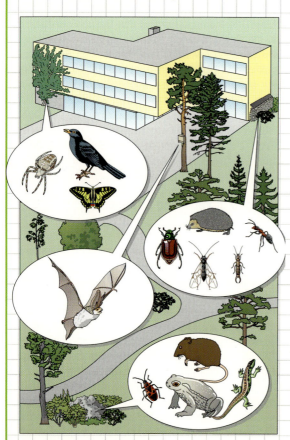

Verschiedene Lebensinseln

Gruppe 1: Bau von Fledermauskästen

Aus der nebenstehenden Montageanleitung für einen **Fledermauskasten** könnt ihr entnehmen, welche Bauteile ihr benötigt und welche Maße sie haben müssen. Wichtig ist, dass ihr die Außenseiten vor dem Zusammensetzen zum Schutz vor Nässe mit Leinöl streicht. Die Teile sollten zusammengeleimt und zum besseren Halt zusätzlich verschraubt werden. Die Ritzen müssen mit Leim abgedichtet werden.

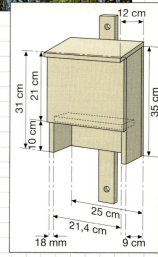

Bringt den Fledermauskasten in mindestens fünf Meter Höhe an einem Baum mit rissiger Borke oder an einer Hauswand an. Der Anflug der Tiere darf nicht durch Äste behindert werden. Ihr solltet mehrere Kästen bauen und diese in Sichtweite voneinander aufhängen.

Die Kästen können Fledermäusen als Sommerquartier dienen. Sie werden nur angenommen, wenn die Tiere in der Umgebung genügend Nahrung finden. Die in Europa vorkommende *Langohrfledermaus* ernährt sich von Insekten. Fledermäuse sind dämmerungs- und nachtaktive Tiere. Deshalb müsst ihr für die Beobachtung solche Zeiten einplanen.

Informiert euch im Zuge des Projektes umfassend über Körperbau, Verhalten, Nahrungsverhalten, Echoortung, Vorkommen und Fortpflanzung der Fledermäuse. Nehmt die Informationen in eure Präsentation auf.

Umwelt und Leben

Gruppe 2: Totholzhaufen und Steinhaufen

Sammelt abgestorbene Äste und Zweige, Wurzelstöcke, Hecken- und Strauchschnitt. Entscheidet euch für eine ruhige Stelle auf dem Schulgelände. Schichtet das gesammelte Material dort auf. Untersucht den **Totholzhaufen** vorsichtig in regelmäßigen Abständen auf vorkommende Tiere. Bestimmt die Namen der Tiere mithilfe von Bestimmungsbüchern und zeichnet oder fotografiert sie. Versucht, etwas über ihre Lebensweise zu erfahren. Protokolliert alle Informationen im Tagebuch.

Besorgt oder sammelt größere Feldsteine oder andere Natursteine. Wählt einen sonnigen Platz auf dem Schulgelände aus. Hebt dort etwas Boden aus. Schichtet nun die Steine so auf, dass sie fest liegen. Es sollten aber Hohlräume vorhanden sein. Beobachtet und untersucht den **Steinhaufen** regelmäßig. Beim Umschichten von Steinen für Beobachtungszwecke müsst ihr vorsichtig vorgehen, damit Tiere, die sich dort aufhalten, nicht verletzt werden.
Protokolliert eure Beobachtungen.

Gruppe 3: Fassadenbegrünung

Zunächst müsst ihr über eure Schulleitung bei der Stadt oder Gemeinde die Genehmigung für eine Fassadenbegrünung einholen.
Informiert euch dann in Gärtnereien über die unterschiedlichen Bedürfnisse von **Schling- und Kletterpflanzen.** Beachtet bei der Auswahl der Pflanzen ihre Licht- und Schattenverträglichkeit. Ermittelt deshalb Himmelsrichtung und Lichtverhältnisse am ausgewählten Standort. Manche Kletter- und Schlingpflanzen benötigen ein Klettergerüst.

Vor dem Pflanzen solltet ihr den Boden mit Mutterboden verbessern. Setzt die Kletterpflanzen 30 Zentimeter von der Wand entfernt ein. Schützt den Spross mit einem Drahtgerüst. Gießt die Pflanzen gut an und lasst den Wurzelballen in der ersten Zeit nicht trocken werden.
Notiert alle Erfahrungen, die ihr mit der Betreuung der Pflanzen macht, im Tagebuch. Fotografiert Wachstumsfortschritt und jahreszeitliche Veränderungen.

Begrünte Hauswand

1 Wasserspinne an ihrem Netz

2 Wasserläufer

2 Tiere brauchen Luft und Nahrung zum Leben

In manchen Tümpeln und Teichen kann man die Wasserspinne finden. Dies ist die einzige Spinne, die unter Wasser lebt. Alle Spinnen, auch die Wasserspinne, benötigen Luft zum Atmen. Luft enthält nämlich Sauerstoff, der zur Energiefreisetzung im Stoffwechsel unbedingt erforderlich ist. Wie versorgt sich die Wasserspinne mit der lebensnotwendigen Luft?

Die Wasserspinne spannt aus einigen fast unsichtbaren Spinnenfäden ein kleines Netz wie eine Kuppel zwischen Wasserpflanzen. Immer wieder taucht die Spinne auf und transportiert Luftblasen von der Wasseroberfläche unter die Netzkuppel bis eine richtige Luftglocke entstanden ist. Dazu ist ihr Hinterleib mit Haaren überzogen, zwischen denen die Luft hängen bleibt. Der Hinterleib ist so stets in eine silbrig glänzende Luftschicht gehüllt. Mithilfe dieses Luftvorrats kann die Spinne genauso atmen wie die an Land lebenden Spinnen.
In der Luftglocke hält sich die Spinne auf und verzehrt hier Insekten und andere Tiere, die sie meist an der Wasseroberfläche fängt.

Während Spinnen an Land eine der am weitesten verbreiteten Tiergruppen darstellen, haben sie den Lebensraum Wasser kaum erobert. Dies ist jedoch den Insekten in einer unbeschreiblichen Vielfalt gelungen. Manche Wasserkäfer zum Beispiel benutzen einen Luftvorrat unter den Flügeldecken zum Atmen. Andere Wasserinsekten tauchen kurz auf, atmen und tauchen wieder ab. Wiederum andere nehmen den Sauerstoff direkt aus dem Wasser durch dünne Häutchen, die Kiemen, auf.

Sehr viele Insekten nutzen jedoch die Wasseroberfläche als Lebensraum. Der Wasserläufer zum Beispiel gleitet blitzschnell über das Wasser, wobei er von der Wasseroberfläche wie von einer dünnen Haut getragen wird. Man sieht deutlich, wie diese Haut unter den Beinen des Insekts eingedellt wird. Wasserläufer leben räuberisch, d. h. sie ernähren sich meist von anderen Insekten, die auf die Wasseroberfläche gefallen sind.

Wieso müssen eigentlich Tiere fressen? Nahrung enthält energiereiche Bestandteile wie Zucker, Fett und Eiweiß. Diese Stoffe werden als Nährstoffe bezeichnet. Da zum Beispiel Wachstum oder Bewegungen nur dann erfolgen können, wenn im Stoffwechsel Energie umgesetzt wird, ist die Aufnahme von Nährstoffen für ein Tier unbedingt zum Leben notwendig. Diese Nährstoffe können je nach Lebensweise von tierischen oder pflanzlichen, von lebenden oder toten Organismen stammen.

> Im Stoffwechsel der Tiere werden energiereiche Nährstoffe mithilfe von Sauerstoff umgesetzt. Der Sauerstoff stammt aus der umgebenden Luft oder dem Wasser. Die Nährstoffe werden mit der Nahrung aufgenommen.

1 Erläutere die Begriffe Nahrung und Nährstoffe. Ordne einigen Nahrungsmitteln des Menschen die entsprechenden Nährstoffe zu.
2 Erläutere die Funktion der Haare auf dem Hinterleib einer Wasserspinne.

Umwelt und Leben

Prüfe dein Wissen

 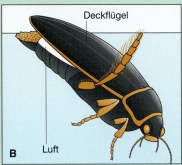

Gelbrandkäfer sind an das Wasserleben angepasste Käfer. Meist bleiben sie längere Zeit unter Wasser, wobei sie Wassertiere bis zur Größe kleinerer Fische jagen und fressen. Ab und zu kommen sie an die Wasseroberfläche, wobei sie das in der Abbildung dargestellte Verhalten zeigen.
a) Beschreibe dieses Verhalten.
b) Erläutere, welche Bedeutung dieses Verhalten hat und weshalb es sich dabei um eine Angepasstheit an das Wasserleben handelt.
c) Welche Funktion könnte die in Abbildung B erkennbare starke Behaarung der Hinterbeine des Gelbrandkäfers haben? Erläutere.
d) Der Gelbrandkäfer bewegt im Wasser die beiden Hinterbeine im gleichen Rhythmus, während sie von dem ebenfalls im Wasser lebenden Kolbenwasserkäfer abwechselnd bewegt werden. Welcher dieser Käfer ist der bessere Schwimmer? Erläutere.

Guppys sind beliebte Aquarienfische. Ihre ursprüngliche Heimat sind Inseln in der Karibik. Die Wassertemperatur in einem Aquarium, in dem Guppys gehalten werden, sollte nicht geringer als 22 °C sein.
a) Nenne die Materialien und Geräte, die für die Einrichtung eines Aquariums, in dem Guppys gehalten werden sollen, unbedingt nötig sind.
b) Welches besondere Problem ergibt sich für Wassertiere in einem Wasser, das eine derartige Temperatur aufweist? Auf welche Weise wird in einem Warmwasseraquarium dieses Problem gelöst? Erläutere.

A 4 Ein Fledermauskasten unterscheidet sich in seiner Konstruktion deutlich von einem Nistkasten für Vögel. Erläutere wesentliche Unterschiede.

A 5 In dem Schlamm am Boden eines Tümpels leben viele Kleinstlebewesen, die von den Resten abgestorbener Pflanzen und toter Tiere leben. Diese Kleinstlebewesen werden oft von Insektenlarven gefressen, die selbst wieder z. B. von einem Gelbrandkäfer erbeutet werden. Letzterer kann schließlich einem Hecht oder Graureiher als Nahrung dienen.
Erläutere an diesen Beispielen die Bedeutung der Nahrungsaufnahme für tierische Lebewesen.

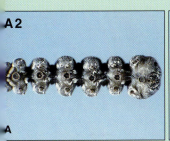 

Im Oberlauf eines Bergbaches findet man unter anderem Larven von Lidmücken (Abbildung A) und Eintagsfliegen (Abbildung B).
a) Beschreibe die Lebensbedingungen in einem Quellbach im Gebirge.
b) Erläutere verschiedene Angepasstheiten, die diese Tiere an die Bedingungen in ihrem Lebensraum aufweisen.

A 6 Waschmittel und Spülmittel „entspannen" das Wasser, das heißt sie zerstören die dünne Haut, die von den Wasserteilchen an einer Wasseroberfläche gebildet wird.
a) Welche Wasserinsekten werden besonders beeinträchtigt, wenn solche Reinigungsmittel beispielsweise in einen Teich gelangen? Erläutere.
b) Überlege, ob man einen derart verunreinigten Teich wieder reinigen kann, ohne die Wasserlebewesen zu beeinträchtigen. Erläutere.

Register

Fette Seitenzahlen weisen auf ausführliche Behandlung im Text oder auf Abbildungen hin;
f. = die folgende Seite; ff. = die folgenden Seiten.

A

Absorption 65
Adsorbieren 48
Aggregatzustand **23, 29,** 44
Angepasstheit 83
Aquarium 83, **84 f.**
Arbeitsmethode 10
Astronomie 8
Auflagehorizont 78
Auge 38
Ausdehnung 31
Ausstellung **19**
Auswertung 10

B

Bach **83**
Bakterium 79
Balkenwaage 32
Beobachtung **7**
Bergbach 83, 89
Beschreibung **7**
Bildweite 74
Biologie 7 f.
Blitz 56
Boden 76, **78**
Bodenerosion 78
Bodenlebewesen 79
Bodenprofil 78
Bodenuntersuchung 80
Brausepulver 40
Brechung 72
Brechungswinkel 72
Brennerflamme 26
Brennglas 73
Brennpunkt 73
Brennweite 73
Briefwaage 32 f.
Buche 20
Butangas 27

C

Calcit 77
Chemie 7 f., 76
Chemikalie 28
Chemikalienrest 28

D

DA VINCI, Leonardo 77
Dekantieren 42
Delfin 57
Dichte **30,** 34 ff., 52
Differenzmethode 30
Discman 55
Dolomit 77
Donner 56
Dunstabzugshaube 41, 48

E

Eberesche 13
Echo 58
Edelgas 53
Eintagsfliege 89
Eintagsfliegen-Larve 83
Eis **23**
Eisen 34
Energie 64
– atomare 64
– chemische 64
– elektrische 64
Energieform 64
Energiefreisetzung 88
Energiewandler 64
Entdecken 9, 16
Erdgas 26
Erfinder 16
Ergussgestein 77
Erstarren 24, 29
Erstarrungstemperatur 24
Erwärmen 31
Experiment **7,** 10, **21**
Extrahieren 48

F

Fachheft 15
Fachraum 28
Farbe 38, 63
Fassadenbegrünung 87
fest 23, 29
Feuerbohne 10, 12
Filter 43
Filtrat 43
Filtration 43, 45
Flammenfärbung 62
Fledermauskasten 86
FLEMING, Alexander 16
flüssig 23, 29
Flüssigkeit **31**
Forschen 9, 16
Fossil **77**

G

Gasbrenner 26
gasförmig 23, 29
Gaszufuhr 26
Gefahrensymbol 28
Gefrieren 24
Gefrierpunkt 24
Gegenstandsweite 74
Gehör 55
Gelbrandkäfer 89
Geografie 76
Geologie 8, 77
Geräusch 54
Geruch 38
Geschmacksprobe 40
Gestein 8, **76 f.**
Gesteinshorizont 78
Gewicht 11, 32
Gips 77
Glas 26
Glühlampe 62, 64
Goldbarren 35
Granit 77
Gruppe **18**
Gruppenarbeit **21**
Guppy 89

H

Haar 11
Halbmond 68
Halbschatten 67
Härte 36
Haut 38
Heft 15
Heißluftballon 6
Herbarium 13
Hohlmaß 30
Holz 34
Humus 78
Hydrozyklon 46

I

Information 14
Informationsplakat **20**
Infrarot (IR) 63
Innenohr 55
Internet 14

K

Kalkstein 77
Kartuschenbrenner 27
Keimungsversuch 10
Kernschatten 67
Kerzenwachs 27
Kieme 83, 88
Klang 38, 54
Knall 54
Köcherfliegen-Larve 83
Kochsalz 42
Kondensationstemperatur 25
Kondensieren 25, 29
Körper 39, 58
– fremdleuchtender 61
– selbstleuchtender 61
Kreisdiagramm 12
Kugelmuschel 83

L

Leben **82**
Lebensraum **82,** 88
Lebewesen 8
Lehmboden 78
Leitfähigkeit 37
Lexikon 14
Licht **60,** 62, 66
Lichtbrechung 63, 72
Lichtquelle **60 f.,** 64, 67
– chemische 62
Lidmücke 89
Lidmücken-Larve 83
Linse 72
Lösen 42, 44, 48
Löslichkeit 37
Luft **50 ff.,** 56, 88
Lufthülle 8
Luftverdichtung 56
Luftverdünnung 56
Luftzufuhr 26 f.
Lungenvolumen 52

M

Magnet 46
Magnetisierbarkeit 36
Masse **30,** 32 ff., **51**
Masseeinheit 33
Maß-Einheit 11
Maßstab 11
Meerwasser 77
Messbecher 35
Messen 9, 11
Meteorologie 8
Meter 11
Millimeterpapier 11
Mindmap 84
Mineral **77**
Mischversuch 45
mitteleuropäische Zeit (MEZ) 70
Modell 45
Mondfinsternis 69
Mondphase 68
Müll 46
Mülldeponie 47
Müllsortieranlage 46
Müllverbrennungsanlage 47

N

Nachhall 58
Nährstoff 88
Nahrung 88
Nase 38
Naturwissenschaft **6 ff.,** 10
Neumond 68
Normalbedingung 52

O

Oberboden 78
Ohr 38

P

Paläontologie 8
Partnerarbeit **21**
Penicillin 16
Personenwaage 32
Pflanzenfresser 79
Physik 7 f.
Pilzfaden 79
Plakat 20, 86
Planung 9
Präsentieren 9
Prisma 63
Projekt **18,** 86
Projektarbeit **84**
Propangas 26
Protokoll 10

Q

Quellbach 83, 89

R

Räuber 79
Rauminhalt 11
Reagenzglas 27
Recycling 46
Reflexion 58
Regenbogen 62 f.
Reinstoff **40**
Restmülltonne 46
Rubin 77
Rückstand 43

S

Sachbuch 14
Samen 10
Sammellinse 73 f.
Sammlung 13
Sandboden 78
Sauerstoff 53, 83, 88
Saugfähigkeit 80
Säulendiagramm 12
Schall **50,** 54, 58
Schallausbreitung 56
Schalldämmung 57
Schallgeschwindigkeit 56 f.
Schallleiter 56 f.
Schallquelle 54 f.
Schatten 66, **68**
Schattenbilder 66
Schaukasten 13
Schlammfliegen-Larve 83
Schmelzen 24, 26 f., 29
Schmelztemperatur 23, 25, 37
Schulbuch 14
Schulhof **86**
Sedimentgestein 77
Sedimentieren 42
Sicherheitsvorkehrung 28
Sieben 42
Siebtrommel 46
Siedetemperatur 23, 25, 37
Sinn **38**
Sinnesorgan **38 f.**
Solaranlage 16
Sondermüll 47
Sonnenfinsternis 69
Sonnenkollektor 16
Sonnenlicht 62
Sonnenuhr 70
Spektralfarbe 63
Spektrum 63
Spiritus 25
Stearinkerze 29
Steckbrief 36 f., 39
Steinfliegen-Larve 83
Steinhaufen 87

Steinsalz 42, 77
Stickstoff 53
Stieleiche 13
Stoff 8, **22,** 39, 44
Stoffeigenschaft **36,** 39
Stoffgemisch **40**
Stoffwechsel 88
Stoppuhr 9
Streuschicht 79
Suspension 42, 45

T

Tagebuch 86
Talbach 83
Tasten 38
Team 9
Technik **6**
Teilchen 44
Teilchenmodell **29,** 45
Terrarium 83
Thermometer 9
Tiefengestein 77
Tiefseefisch 61
Ton 54
Tonboden 78
Totholzhaufen 87
Trennung **40,** 46
Trennverfahren 41, 48
Trommel 54

U

Überlaufmethode 30
Ultraviolett (UV) 63
Umwelt **82**
Unterboden 78
Urkilogramm 32

V

Verdampfen 25, 29, 43
Verformbarkeit 38
Versuch **7,** 9
Versuchsbeschreibung 10
Versuchsdurchführung 10
Versuchsplanung 10
Vollmond 68

Volumen 11, **30,** 34 ff.
Volumenänderung **31**
Vorstellung **19**
Vortrag 17

W

Waage 32 f.
Wachstum 12
Wägen 33
wahre Ortszeit (WOZ) 70
Wal 57
Waldboden **79**
Walkman 55
Wärme 64
Wasser 23 ff., 27, 31, 33, 42, 44 f., 57, 88
Wasserinsekt 88
Wasserkäfer 88
Wasserläufer 88
Wasseroberfläche 88 f.
Wasserspeicherung 80
Wasserspinne 88
Wassertier 89
Weltall 8
Weltraum 50, **68**
Wertstoff 46
Wetter 8
Wiederverwertung 46
Wiegen 33
Windsichter 46

Z

Zentrifugieren 48
Zerstreuungslinse 75
Zucker 40, 44
Zunge 38
Zustandsänderung 29

Bildquellen

Titelbild: Minkus; 3.1: Schwerberger/Christoph & Friends; 3.2: Tegen; 4.1: NASA/Astrofoto Bildagentur GmbH; 4.2: fm/Mauritius; 5.1: Wisniewski/Silvestris; 5.2: Fischer/SAVE-Bild; 6.1: Schwerberger/Christoph & Friends; 7.1: Minkus; 8.1: Danegger/Okapia; 8.2: Nasa/dpa; 8.3: Weyer/Mauritius; 8.4: Canstock/Mauritius; 8.5: Ehlers/dpa; 8.6: Konopka/Schroedel-Archiv; 9.1: Fabian; 10.2: Dr. Jaenicke; 11.2: Simper; 13.1 A: Elfner/Tierbildarchiv Angermayer; 13.1 B: Reinhard/Mauritius; 13.1 C: Tierbildarchiv Angermayer; 13.1 D: Deymann/Silvestris; 13.1 E, F: Dr. Jaenicke; 14.1 A: Minkus; 14.1 D: Lacz/Silvestris; 15.1 A ob.: Reinhard-Tierfoto; 15.1 A unt.: Weger/Silvestris; 16.1: Zefa; 17.1: Reinhard/Mauritius; 20.1 A: Dr. Pott/Okapia; 20.1 B: Glammeier; 20.1 C: Albinger/Silvestris; 20.1 D+E: Glammeier; 20.1 F: Die Holzschmiede, Thurnau; 21.1: Fabian; 22.1: Tegen; 23.1: Tegen; 24.1, 2: Tegen; 24.3 A+B: Tegen; 25.2–4: Tegen; 26.1: Tegen; 27.1: Tegen; 29.2: Tegen; 30.1 A+B: Tegen; 31.1–3: Tegen; 32.1 A+B: Phywe Systeme GmbH; 32.2: Fabian; 32.3: Physikalisch-technische Bundesanstalt, Braunschweig; 33.4: Tegen; 33.5, 33.6: Phywe Systeme GmbH; 34.2 A+B: Tegen; 35.1: Tegen; 35.4: Phywe Systeme GmbH; 35.5: Degussa AG; 36.2–7: Tegen; 38.1–5: Tegen; 39.1, 2: Tegen; 40.1+2: Tegen; 41.1–5: Tegen; 42.1: Tegen; 42/43.2 A–H: Tegen; 44.1: Tegen; 44.2 A–C: Tegen; 45.3: Tegen; 45.4 A+C: Tegen; 48.1–3: Tegen; 49.A1: Lehner/Mauritius; 49.A3: Tegen; 49.A4: Glenbow Museum/Alaska Stock/Okapia; 50.1: NASA/Astrofoto Bildagentur GmbH; 51.1–3: Tegen; 52.1, 2: Tegen; 53.1: Messer Griesheim GmbH, Krefeld; 53.3: Tegen; 53.4: Silvestris; 53.5: TPC/IFA-Bilderteam; 54.3: Tegen; 55.4: Sony, Köln; 55.5: Aearo GmbH, Ettlingen; 56.1: Tegen; 57.1: Tegen; 59.A1: Tegen; 59.A2 A: Darmstadt/Helga Lade; 59.A2 B: Higuchi/Mauritius; 59.A3: Tegen; 60.1: fm/Mauritius; 61.1 A+B: Astrofoto Bildagentur GmbH; 61.1 C: Tegen; 61.1 D: Conrad Electronic GmbH; 61.2 A: Tegen; 61.2 B+C: creativ collection Verlag GmbH; 61.2 D: Astrofoto Bildagentur GmbH; 61.3: NAS/Dr. P.A.Zahl/Okapia; 62.0: Lahall/IFA-Bilderteam; 62.1: Tegen; 63.1–3: Tegen; 64.1, 2: creativ collection Verlag GmbH; 65.1: Tegen; 65.2: Harris/IFA-Bilderteam; 66.2: Tegen; 67.4–6: Tegen; 68.0: Astrofoto Bildagentur GmbH; 68.1: Tegen; 68.2: Tegen; 69.0: Van Ravenswaay/Astrofoto Bildagentur GmbH; 70.2: Tegen; 71.3: Tegen; 71.4: Tegen; 72.1–3: Tegen; 73.1: Tegen; 73.3: Tegen; 74.1: Tegen; 75.A3: Tegen; 75.A5: Tegen; 76.0: Wisniewski/Silvestris; 77.1: Ch. Grzimek/Okapia; 77.2: Beck/Mauritius; 77.3: Hessisches Landesmuseum, Darmstadt; 77.4: Freund/Okapia; 78.2: Schiffer/IMA; 78.3: Schiffer/IMA; 78.4: Konopka; 79.1: Simper; 79.3: Simper; 81.A1: Dr. Bleich/Xeniel Dia; 81.A2: Cancalosi/Okapia; 81.A4 A: Brockhaus/Silvestris; 81.A4 B: Otto/Mauritius; 82.1: Fischer/SAVE-Bild; 83.1 A: Tierbildarchiv Angermayer; 83.1 B: Silvestris; 83.1 C: Tierbildarchiv Angermayer; 85.3: Tetra-Werke, Melle; 85.4: Visa Image/Mauritius; 86.2: Haneforth/Silvestris; 87.1: Redeleit/Silvestris; 87.2: Wellinghorst; 87.3: Tönnies; 87.4: Rabisch; 88.1, 2: Pfletschinger/Tierbildarchiv Angermayer; 89.A1 A: Hecker/Silvestris; 89.A3: IPS/Mauritius; 89.A2 A: Dr. F. Sauer/Frank Hecker/Naturfotografie